MARCO POLO

ISCHIA

Reisen mit Insider Tipps

> Wo gibt es einen solchen Reichtum
> auf einem Fleck? Ischia bietet alles:
> traumhafte Strände, unberührte Wäl-
> der, pittoreske Fischerdörfer, über-
> schaubare Städtchen und dazu noch
> heilende Thermalquellen – einfach
> ein Paradies!
> *MARCO POLO Korrespondentin*
> *Stefanie Sonnentag*
> (siehe S. 122)

Das passt:
Der MARCO POLO Sprachführer Italienisch

Weitere MARCO POLO Titel:
Capri, Golf von Neapel

Spezielle News, Lesermeinungen und Angebote zu Ischia:
www.marcopolo.de/ischia

ISCHIA

> SYMBOLE

Insider Tipp **MARCO POLO INSIDER-TIPPS**
Von unseren Autorinnen für Sie entdeckt

★ **MARCO POLO HIGHLIGHTS**
Alles, was Sie auf Ischia kennen sollten

☀ **SCHÖNE AUSSICHT**

📶 **WLAN-HOTSPOT**

▶▶ **HIER TRIFFT SICH DIE SZENE**

> PREISKATEGORIEN

HOTELS
€€€ über 150 Euro
€€   100–150 Euro
€   unter 100 Euro
Die Preise gelten für ein Doppelzimmer in der Saison mit Frühstück

RESTAURANTS
€€€ über 15 Euro
€€   10–15 Euro
€   bis 10 Euro
Die Preise beziehen sich auf ein Nudelgericht (pasta) als Beispiel für das Preisniveau des jeweiligen Restaurants

> KARTEN

[104 A1] Seitenzahlen und Koordinaten für den Reiseatlas Ischia

[U A1] Koordinaten für die Karte Ischia-Ort im hinteren Umschlag

Zu Ihrer Orientierung sind auch die Orte mit Koordinaten versehen, die nicht im Reiseatlas eingetragen sind

INHALT

> SZENE

S. 12–15: Trends, Entdeckungen, Hotspots! Was wann wo auf Ischia los ist, verrät die MARCO POLO Szeneautorin vor Ort

> 24 STUNDEN

S. 84/85: Action pur und einmalige Erlebnisse in 24 Stunden! MARCO POLO hat für Sie einen außergewöhnlichen Tag auf Ischia zusammengestellt

> LOW BUDGET

Viel erleben für wenig Geld! Wo Sie zu kleinen Preisen etwas Besonderes genießen und tolle Schnäppchen machen können:

Gaetanos preiswerte Pizza S. 38 | Billig wohnen: Bed & Breakfast S. 48 | Köstliche Kleinigkeiten – kostengünstig S. 54 | Bruschetta zum Sattwerden S. 65 | Günstige Thermalparktarife S. 78

> GUT ZU WISSEN

Was war wann? S. 10 | Bücher & Filme S. 18 | Spezialitäten S. 26 | Blogs & Podcasts S. 42 | www.marcopolo.de S. 94 | Was kostet wie viel? S. 95 | Wetter auf Ischia S. 96

AUF DEM TITEL
La Mortella: Paradies auf Erden S. 62
Moderne Kunst im Turm S. 15

ENTDECKEN SIE ISCHIA!

Unsere Top 15 führen Sie an die traumhaftesten Orte und zu den spannendsten Sehenswürdigkeiten

Die Highlights sind in der Karte auf dem hinteren Umschlag eingetragen

 'Ndrezzata
Die Ischitaner sind zu Recht stolz auf die Tradition dieses temperamentvollen Männertanzes (Seite 22)

2 „Brand" der Aragoneserburg
Feuriger Höhepunkt beim bedeutendsten Fest Ischias zu Ehren der hl. Anna (Seite 23)

3 Aragoneserburg (Castello Aragonese)
Dramatisch-beeindruckend: Halb Ruine, halb Burgdorf, thront sie auf dem Fels (Seite 32)

 Calise
Die Cafébar in Ischia-Stadt ist der Treffpunkt schlechthin auf der Insel (Seite 34)

 Terme Belliazzi
Schon im Altertum wurde hier gebadet (Seite 47)

 Il Focolare
Am Monte Rotaro lernen Sie die kulinarische Tradition Ischias am besten kennen (Seite 47)

Museo e Scavi archeologici di Santa Restituta
Sogar eine griechische Siedlung hat man hier in Lacco Ameno freigelegt (Seite 53)

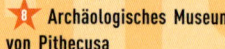 **Archäologisches Museum von Pithecusa**
Ein Rückblick auf die Zivilisation der Griechen auf Ischia in der Villa Arbusto (Seite 54)

> DIE BESTEN MARCO POLO HIGHLIGHTS

9 La Mortella („Die Myrte")
Wie aus einer Steinwüste ein Traumgarten zum Lustwandeln entstand. Dieses vogelzwitschernde Hideaway ist einer der schönsten Gärten Italiens (Seite 62)

10 Santa Maria del Soccorso
Das idyllische Wahrzeichen von Forio: mediterrane Harmonie seit über 200 Jahren (Seite 64)

11 Il Melograno
Candlelight-Dinner mit lukullischen Top-Kreationen in einem Olivengarten in Forio. Zum Umfallen gut! (Seite 66)

12 Mezzatorre Resort & Spa
Das Ambiente, der Stil, die traumhafte Lage: Hotel der Spitzenklasse für anspruchsvolle Urlauber – mit Pool, Park und Panoramablick (Seite 67)

13 Epomeo
Am leichtesten ist der Aufstieg aus Fontana. Überwältigend ist dann der Inselrundblick vom Gipfel aus (Seite 78)

14 Giardini Poseidon
Ein Erlebnis für Leib und Seele – in Forio liegt das Aushängeschild der Insel für Kurgäste und Wellnessfans (Seite 88)

15 Bootsausflüge
„Tuckern um den Tuff": einmal mit dem Boot um die Insel mit dem aufregenden Küstenrelief. Ein unvergessliches maritimes Erlebnis! (Seite 92)

WAS FÜR EINE INSEL!

Blick auf den Maronti-Strand

> Ischias Geschenk des Himmels liegt tief unter der Erde: die Thermalquellen. Immer mehr Wellnessfans lassen sich in den prächtigen Thermalparkanlagen verwöhnen, die in pittoresken botanischen Gärten liegen. Das grüne, durch vulkanische Tätigkeit geprägte Eiland ist auch ein Wanderparadies: Wege führen durch Weinberge und lauschige Wälder, die Ausblicke aufs schimmernde Meer sind oft atemberaubend. An der Küste wechseln sich schroffe Steilhänge ab mit herrlichen Stränden. Und wenn man abends in einem der vielen Restaurants mit Meerblick die unverfälschte Inselküche genießt, dann ist das Urlaubsglück perfekt.

> Was gibt es Schöneres, als unter dem strahlend blauen Mittelmeerhimmel einen ganzen Tag lang in einem der in paradiesische Vegetation gebetteten Thermalgärten Ischias zu verweilen? Sich in der Wärme der Sonne und des seifig-sanften Quellwassers zu entspannen, schließlich körperlich und seelisch samtweich gestimmt in den Abend hinauszugehen? Wonnestunden pur.

Was gibt es Schöneres, als die Sonne aufgehen zu sehen hinter der Silhouette des Aragoneser Kastells auf dem steilen Burgfelsen im Meer vor dem Ort Ischia Ponte oder den Anblick der Burg im goldenen Abendlicht? Weniger dramatisch, dafür umso poetischer heben sich die leicht geschwungenen Umrisse des mediterran-weißen Kirchleins Santa Maria del Soccorso vom glühenden Abendmeer ab, wenn auf der Westseite der Insel bei Forio die Sonne untergeht.

Oder man sitzt beim Campari mit Orangensaft in einem der Cafés, die sich einladend auf der Piazzetta von Sant'Angelo ausbreiten, dem ehemaligen Fischerdorf aus verwinkelten, pastellfarbenen Häuserwürfeln, von Klematis und Bougainvillea violett und orangerot umrankt. Auch hier liegt ein Felseninselchen malerisch vorgelagert. Man schaut dem Treiben der Fischer zu, wie sie ihre Netze flicken und sich an ihren Booten zu schaffen machen. Mit denselben Booten fahren sie auch Touristen aufs Meer hinaus, zum Fischen, zu den nächsten Badestränden oder zu Bootsausflügen um die Insel.

> Heilwässer, Dampfbäder und Fangopackungen

Gegenüber der bewaldeten Nordküste Ischias, die flacher abfällt und damit auch dichter besiedelt ist, zeigt die steilere Südküste ein aufregendes Relief mit Grotten, versteckten Badebuchten, Schluchten, auf den Höhen

Weit schweift der Blick übers Mittelmeer im Westen Ischias: Punta del Soccorso bei Forio

hier und da die hellen Häuser einer kleinen Siedlung. Und manchmal entdeckt man wie Adlernester in den Fels geschlagene Wohnungen. Die Farben der Felsen – Trachyt zeigt sich in grau, der Tuff ist auf der Insel mal ockergelb, mal grün – und ihre von dicht gepressten Linien gemusterte Struktur erzählen von der vulkanischen Entstehungsgeschichte. Ischia wurde vor Millionen von Jahren von einem Vulkanausbruch tief im Meer über den Meeresspiegel hinausgehoben. Bei einer Bootsfahrt um die Insel sieht man denn auch, wie bergig sie ist, mit hohen, steilen Hängen, deren höchster, der Monte Epomeo, immerhin 787 m misst.

Seither ist die Vulkantätigkeit beendet, nicht aber das Wirken der kochenden Kräfte tief unter der Erde. Ihnen verdankt Ischia seinen Reichtum, die zahllosen heißen Thermalquellen, und damit Heilwässer und Dampfbäder, Sand- und Fangopa-

ckungen – kurz: eine bedeutende europäische Kurindustrie. Die Heilkraft der Quellen war bereits in der Antike bekannt. Doch auch wenn die Thermalwasser Knochen- und Muskelschmerzen lindern, die Bezeichnung „Ischia" hat nicht das Geringste mit dem Ischiasnerv zu tun. Vielmehr geht der heutige Name der Insel (früher „Iscla") auf das lateinische Wort *insula* (Insel) zurück. Man spricht es „Iskia" aus bzw. „iskitano" (ischitano). Etwa 60000 „Iskitaner" bewohnen die mit ca. 46 km² größte Insel im Golf von Neapel, und weit über die Hälfte der Erwerbstätigen arbeitet in der Tourismus- und Kurbranche. Kaum eine Familie, die nicht eines der vielen kleinen Hotels oder eine Trattoria besäße. Das heißt natürlich auch, dass in den letzten Jahrzehnten viel gebaut worden ist, jedoch keine großen Kästen, sondern eher im aufgelockerten, niedrigen mediterranen Stil, der sich gut in die Vegetation einfügt. Die Berge der Insel zwingen die Menschen, eng zusammenzurücken, und das Verkehrschaos vor allem im Juli und August, wenn die Italiener Ferien machen, ist vorprogrammiert.

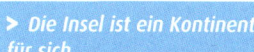

> **> Die Insel ist ein Kontinent für sich**

Viele Urlauber kommen immer wieder. Vor allem deutschsprachige Gäste lieben die Insel, sodass sich der eine oder andere Stammgast im Lauf der Jahre ein halbwegs kommunikationstüchtiges Italienisch angeeignet hat. Darin parliert er dann auf seinen Wanderungen durch die Berge mit

WAS WAR WANN?

Jungsteinzeit/um 3500 v.Chr. Älteste Spuren prähistorischer Menschen

770 v.Chr. Euböische Griechen aus Eretria und Chalkis gründen Pithecusa, das heutige Ischia

1. Hälfte des 5. Jhs. v.Chr. Gründung der griechischen Kolonie Neapolis

421–20 v.Chr. Die Samniten erobern Cumae. Neapolis bleibt griechisch, übernimmt Pithecusa und errichtet dort Befestigungen

29 v.Chr. Kaiser Augustus tauscht mit Neapel Ischia gegen Capri ein

558 Byzanz erobert Ischia, und Neapel erhält die Insel zurück

661–1130 Neapel unter Byzanz

1134 Ischia wird normannisch

1194–1265 Stauferherrschaft

29. Sept. 1538 Zwischen Baia und Pozzuoli zerstört ein Erdbeben die Thermalquellen. Die Badekultur verlagert sich nach Ischia

1707–34 Die Österreicher herrschen über die Insel

1734–1860 Bourbonen-Herrschaft

21./22. Juni 1806 Die englische Flotte belagert und beschießt Ischia bis Mitte Juli

1828, 1863, 1880, 1881, 1883 Letzte Erdbeben auf Ischia

1861 Das Königreich Neapel und Ischia kommen zum vereinten Italien

1991 Der Autoverkehr auf Ischia wird eingeschränkt

2002 Mit Johannes Paul II. betritt zum ersten Mal ein Papst die Insel Ischia – ein Großereignis

dem Kaninchenzüchter, dessen Tiere irgendwann als *coniglio alla cacciatora* im Kochtopf landen. Früher waren es Wildkaninchen, aber davon gibt es kaum noch welche, wenn nicht auf dem naturgeschützten, zu Procida gehörenden Inselchen Vivara. Auf den Hängen treffen Sie auch wieder auf Weinbauern, denn in den letzten Jahren hat der traditionelle Weinanbau zum Glück wieder stark zugenommen.Oder aber Sie lassen sich unten in den Häfen, in Ischia Ponte etwa oder in Sant'Angelo, von den alten, wettergegerbten Fischern von den goldenen Jahren Ischias vorschwärmen. Das waren die 50er-, 60er-Jahre des 20. Jhs., als Ischia hoch im Kurs stand bei Engländern und Amerikanern, bei den Glamourgrößen aus dem Filmgeschäft, das Ischia als Kulisse entdeckte, bei Intellektuellen und Künstlern. Sie bauten schöne Villen an herrlich exponierten Stellen und legten duftende Gärten an.

Ischia mauserte sich damals von der armen Bauern- und Fischerinsel zum Reisemekka, das in den 1960er- und -70er-Jahren zu boomen begann, diesmal mit den Kurgästen aus Deutschland, die von den Krankenkassen in die Thermalanlagen geschickt wurden. Deshalb ist Deutsch die zweite Sprache auf Ischia, die Kinder lernen sie schon in der Vorschule. Zudem sind über 500 Deutsche mit Ischitanern verheiratet. Obwohl die Krankenkassen heute so einen Kururlaub nicht mehr finanzieren, reißt der Urlauberstrom aus dem Norden nicht ab. Man kommt zum Ausspannen, um sich zu pflegen. Die Hotels haben diesen Trend erkannt: Ihre Kureinrichtungen werben auch mit modernen Fitnessräumen sowie Spa- und Wellnesszentren um Gäste. Im Einklang mit dem modernen Körperbewusstsein zieht das auch immer mehr junge Leute an. Und unter begeisterten Tauchern hat es sich längst herumgesprochen, dass der

Dämpfe und Wasserläufe, der vulkanische Boden, all das begünstigt eine überaus artenreiche Vegetation, die Ischia den Namen *Isola verde*, „grüne Insel", eingetragen hat.

Die griechischen Siedler von der Insel Euböa beschenkten Ischia einst mit Weinbau und Oliven; die spanischen

Die Ausflugsboote von Ischia Ponte umrunden die Insel, fahren nach Capri und Procida

Meeresgrund um Ischia aufregend ist, besonders die Unterwasserfauna und -flora auf der Südseite der Insel. Weite Bereiche des Meeres um Ischia sind unter Naturschutz gestellt.

> **> Man weiß: Die Natur ist ein schützenswertes Kapital**

Überhaupt wird die Natur zunehmend als Kapital erkannt. Denn die warmen

Herren führten Johannisbrotbaum und Feigenkaktus ein. Wichtig für die Ökologie der Insel ist aber vor allem der reiche Waldbestand: dichte Wälder aus Kastanien, Steineichen, Buchen, dazu weite Pinienhaine – ein Kontrastprogramm zu den quirligen Ortszentren von Ischia, Forio und Casamicciola, zu den heißen, schönen Stränden, zur geordneten Natur der Thermalgärten. Kurz, Ischia ist ein Kontinent für sich.

▶▶ TREND GUIDE ISCHIA

Die heißesten Entdeckungen und Hotspots!
Unser Szene-Scout zeigt Ihnen, was angesagt ist

Martina Lux
lebt und arbeitet in Neapel. Die Dolmetscherin liebt die grüne Insel und nutzt jede Gelegenheit, um aufs nur eine Fährstunde entfernte Ischia zu fahren. Die To-Do-Liste unseres Szene-Scouts für einen Besuch auf der Insel: ein Trip zu den Thermalquellen, eine Wanderung durch die üppige Natur und ein Abstecher nach Forio, weil in der malerischen Künstlerkolonie auch außerhalb der Saison immer etwas los ist.

▶▶ ÖKOHOTELS

Grüne Träume

Besitzer großer Hotels haben inzwischen das Nachsehen, denn Urlauber bevorzugen kleine Häuser mit Charme und Sinn für Nachhaltigkeit. Wer das *Hotel Celeste* betritt, sieht erst mal blau. Wände, Zimmer und Accessoires sind konsequent in Blau und Weiß gehalten. So macht das Hotel, das seine Energie aus Solarzellen gewinnt, seinem Namen alle Ehre – schließlich bedeutet „celeste" himmelblau *(Via Rivoli, 6 Marina Chiaiolella, Procida, www.hotelceleste.it)*. Verbundenheit mit der Natur und Familienanschluss stehen in der Pension *Oasi la Vigna* im Mittelpunkt. Eingebettet in eine fast unberührte Landschaft liegt sie in der Nähe einer Magnesiumquelle – ein Ort, wo man sich dem Ursprung der Insel sehr nah fühlt *(Via Maronti, 53, www.oasilavigna.it, Foto)*.

SZENE

▶▶ GOURMETTRIPS

Selbst gekocht

Ischia-Urlaubern bietet sich ein neuer Weg, die Küche der Insel zu entdecken – sie kochen selbst! Feinschmecker lernen in Kochkursen die Eigenheiten der Küche Kampaniens und Neapels kennen. Einheimische weihen die Teilnehmer in die Geheimnisse der Zubereitung regionaler Gerichte ein. Die Kochtage beginnen bereits frühmorgens, wenn Sie mit den Fischern zum Fischfang fahren und beim Bummel über den Markt heimische Zutaten einkaufen. Das Essen wird anschließend gemeinsam mit den anderen Kochschülern zubereitet *(buchen über www.bella-ischia.de)*. Selbst Limoncello ansetzen, Sardellen marinieren oder den Teig einer original neapolitanischen Pizza herstellen ... beim „Gemeinsamen Kochen und Genießen auf Ischia" werden Sie in die Geheimnisse der italienischen Hausmannskost eingeführt *(buchen über www.vorderegger.at)*.

▶▶ MODERNE KUNST

Zeitgenössisches

Eine Farbenflut erwartet Besucher, wenn sie die *Galleria del Monte* betreten. Abstrakte Gemälde in Knallrot, durchzogen von schwarzen, grafischen Elementen, und farbige Mosaike vom neapolitanischen Künstler Renato Barisani hän-

gen an den Wänden. Die Galerie wagt sich mit ihren Ausstellungen an Zeitgenössisches und liegt damit voll im Trend *(San Francesco, Ischia Ponte, www.galleriadelmonte.it, Foto)*. Moderne Kunst hängt im Turm des *Castello Aragonese*: Die alten Räume des *Torre di Guevara*, im Volksmund auch *Torre di Michelangelo* genannt, bilden einen kontrastreichen Rahmen *(Via Nuova Cartaromana, Ischia Ponte)*.

▶▶ AKTIVER TIERSCHUTZ

Herrscher der Meere

Eine Woche auf einem Forschungsschiff mitreisen, Wind und Wetter trotzen und Walen und Delphinen ganz nah sein – der Reiseveranstalter *LaMar* macht es möglich. Maximal sechs Gäste und drei Crewmitglieder nimmt der Schoner aus den 1930er-Jahren auf. So bleibt die Atmosphäre an Bord familiär *(www.lamar-reisen.de).* Wer nicht daran glaubt, im Golf von Neapel Wale anzutreffen, der lässt sich von den internationalen Meeresbiologen eines Besseren belehren. Schließlich hat das italienische Umweltministerium 2008 die Gewässer rund um die Insel Ischia zum Delphin- und Walschutzgebiet erklärt. Das Forschungsinstitut *Delphis* war in hohem Maß an der Durchsetzung des Schutzgebiets beteiligt, mit Projekten und Studien engagiert es sich für die Meeressäuger *(Via Zaro 22, Forio, www.delphismdc.org, Foto).*

▶▶ INSPIRATION

Exklusive Mode

Klein, aber fein – wie die Insel, so auch ihr Kreativpotenzial! Der italienische Top-Designer *Rocco Barocco* wurde auf Ischia groß. Seine Karriere begann er als Laufbursche bei „Filippo", der ehemals berühmtesten Boutique Ischias. Aus der Schönheit der Insel schöpft der Designer noch immer Kraft und Inspiration und lässt so Kollektionen entstehen, die die Farben und das Lebensgefühl Ischias widerspiegeln. In Rocco Baroccos Boutique *(Roccobarocco Boutique, Via Carlo Poerio 12, Neapel, www.roccobarocco.it)* überzeugt man sich von der Einzigartigkeit seiner Entwürfe. Für pure Shoppinglust sorgt das Fashion Outlet *Ditta individuale di Paola Regine.* Hier gibt es Marken wie *Cavalli, D&G, Gucci* und *Prada* zu kleinen Preisen *(Cesare Piro n. 29, Forio).*

▶▶ ALLES GUTE AUS DER NATUR

Wellnessgeheimnis

Beauty- und Wellnessprodukte aus heilendem ischitanischem Thermalwasser erleben einen wahren Boom! Das Angebot der angesagten Beauty-Ranges reicht von Körperpflege für Frauen und Männer bis zu duftenden Insel-Essenzen. Naturkosmetik für Gesicht und Körper auf Basis des ischitanischen Thermalwassers stellt beispiels-

weise *Terme della Bellezza* her, das seine Produkte mit Komponenten wie süßer Mandel, Zitronen- und Orangenöl, Kastanien und grünem Tee wunderbar duften lässt *(Piazza S.Angelo, Sant'Angelo, www.termedellabellezza.it)*. *Nitrodi Cosmetici Naturali* haben die Haut im Fokus. Ihre Pflege- und Reinigungsprodukte basieren auf dem Thermalwasser der legendären Nitrodi-Quelle, die als Jungbrunnen der Insel bekannt ist *(Via Nitrodi 8, Barano D'Ischia,* Foto). Auf die Pflege von Gesicht und Körper sowie auf bezaubernde Düfte ist auch *Ischia Thermae* spezialisiert. Von der Fango-Maske über Thermal Hair Treatments bis hin zum Eau de Toilette aus Limone, Mandarine und Bergamotte: Alle Produkte sind von der Natur Ischias inspiriert *(www.ischiathermae.com)*.

▶▶ INDIVIDUELLE TOUREN

Trekking

Ischia ist die ideale Wanderinsel. Mehr als 40 Vulkane, Fumarolen, bizarre Tuffsteingebilde und eine vielfältige Landschaft locken jedes Jahr Trekkingfans auf die Insel. Doch Abenteurern reicht es nicht mehr, auf ausgetretenen Pfaden zu gehen, sie wollen mehr Individualität. Diese bekommen sie bei *Giovanna di Rosa*. Die Wanderführerin kennt die Insel wie ihre Westentasche und stellt Touren zusammen, die genau auf die Bedürfnisse ihrer Kunden zugeschnitten sind. Sehenswerte Locations wie die Buceto-Quelle, der erloschene Krater Fondo d'Oglio oder der Pinienwald von Ischia Porto gehören genauso zu ihren Touren wie die persönlichen Geschichten, die sie zu erzählen weiß *(www.ischiatrekking.net,* Foto). Trips zu einsamen Grotten oder auf den Monte Epomeo organisieren die Guides von *Ischia Trekking*. Spektakuläre Ausblicke gibt's gratis dazu *(www.ischiatrekking.it)*.

> VON DEN RÖMERN ZUM RADON

Wichtiges über historische und andere Ereignisse auf der quirligen Insel

AENARIA

Pithecusa (Pithekoussai) hieß die Insel, als die Griechen sie besiedelten. Den Namen Aenaria bekam sie unter den Römern. Der Ursprung dieses Namens wird gern der mythischen Figur des trojanischen Helden Äneas zugeschrieben, doch geht er eher zurück auf das lateinische Wort *aenum*, was Bronze bzw. Metall bedeutet. In der Tat gab es hier in der Römerzeit eine kleine Hafenstadt, in der auch Metallgegnstände hergestellt wurden, die Reste liegen auf dem Meeresgrund bei den Santa-Anna-Klippen vor Ischia Ponte. Unter Wasser liegt Aenaria heute, weil die Insel aufgrund des geophysikalischen Phänomens der „Bradyseismischen Bewegung", das die ganze Nordseite des Golfs von Neapel betrifft, jährlich um 3 mm absinkt. Das ist nicht viel, aber auf Jahrtausende kalkuliert …

Bild: Parco Negombo

STICH WORTE

FRANCESCO BUONOCORE

Ischitanischer Arzt und Schüler des berühmten Philosophen Giambattista Vico. Als Hofarzt war er auch Bauherr des ersten richtigen Hotels und Sanatoriums in Ischia Porto (1735). In der Villa, später Königsresidenz, nun Militär-Thermalbad, kurten damals Adelige, die sich dort unter besseren hygienischen Bedingungen als sonst üblich behandeln ließen.

CAVA

Auf Ischia die Bezeichnung für wilde, tiefe Schluchten, von der Wassererosion in die Flanken des Monte Epomeo geschnitten. Sie führen Regen- und Quellwasser ins Meer. Besonders bekannt ist die *Cava Scura,* die „Dunkle", mit ihrer Heilquelle.

ERNEUERBARE ENERGIEN

Erneuerbare Energieformen setzen sich auch auf Ischia immer mehr durch. Die auf der Insel im Überfluss vorhandene Energie der Thermalquellen nutzen mehrere Hotels (z. B. das Il Moresco) als geothermische Wärmeversorgung bzw. Klimatisierung ihrer Räumlichkeiten. Aus den Thermalquellen kann auch Warmwasser gewonnen werden, das sehr kalkhaltige Thermalwasser muss zuvor jedoch entkalkt werden.

Die ebenfalls im Überfluss vorhandene Sonnenenergie wird auf Ischia bisher nur selten genutzt: Die Ischitaner empfinden die Solarzellen auf den Dächern als zu dominant und warten, dass eine ästhetischere Form für die Solarpaneele gefunden wird ...

FANGO

Durch vulkanische Vorgänge entstandene Tonerde, mit der in Ischia, nach entsprechender Reifezeit in heißem Thermalwasser, die berühmten „therapeutischen Schlammkuren" gemacht werden (max. 12 cm dick, ca. 47 Grad). Der Fango („Schlamm") auf Ischia ist radonhaltig – eine Besonderheit. Warme Fangokuren sind eine Labsal: Sie lindern Gelenkschmerzen, entspannen die Muskulatur, lockern das Bindegewebe, fördern die Durchblutung und stärken das Immunsystem. Diese Tonerde war einst auch das Rohmaterial für die Keramikindustrie von Pithecusa.

> BÜCHER & FILME

In vielen Werken spielt Ischia die Hauptrolle

> **Arturos Insel** – Die kleinere Nachbarinsel Procida ist Schauplatz dieses dramatischen Romans der großen italienischen Schriftstellerin Elsa Morante.

> **Letztes Jahr auf Ischia** – Ein echter Urlaubsschmöker, in dem Christine Brückner von den Liebeswirren einer deutschen Frau während eines Inselsommers erzählt.

> **Ischia, die vergessene Insel** – 1937 übersiedelte Edgar Kupfer-Koberwitz nach Ischia. Hier entstand dieses reich bebilderte Buch, in dem er eine inzwischen leider verschwundene Welt voller Mythen und archaischer Lebensgewohnheiten schildert.

> **Der rote Korsar** – Unvergesslich in diesem Abenteuerfilm von Robert Siodmak (1952) ist Burt Lancasters unverschämtes Grinsen. Auf Ischia versucht er als Freibeuter das Herz der schönen Eva Bartok zu erobern.

> **Avanti! Avanti** – Komödienklassiker (1972) von Billy Wilder mit Jack Lemmon als neurotischem Held. Er begegnet auf Ischia einer Engländerin mit einem Faible fürs Mediterrane.

> **Der talentierte Mr. Ripley** – Remake (1999) des Patricia-Highsmith-Thrillers von Anthony Minghella mit Matt Damon in der Hauptrolle. Schauplätze: Ischia und Procida. 1960 hatte René Clément hier denselben Stoff mit Alain Delon verfilmt.

FLORA

Die Pflanzenvielfalt auf Ischia ist enorm – zu jeder Jahreszeit, auch im Winter, blüht und duftet es. Zu der typisch mediterranen Vegetation gehören die fahlrosa- oder gelbfarbene Zistrose, der Erdbeerbaum mit seinen rosaroten Blütenbällchen und scharlachroten Beeren, die Rote Spornblume mit ihren schweren rosaroten Blütendolden. Überall sprießen Oleanderbüsche und zarter Hibiskus in allen Farbschattierungen, an den Häusern und Terrassen klettern Glyzinen, Klematis und Bougainvillea in allen nur erdenklichen Lila- und Rottönen. Man sieht Erika, Rosmarin, Myrte, Mastixbaum, Ölweide, Wolfsmilch, Affodill, Nieswurz, Kornelkirsche.

Auf der Südseite gedeiht die Macchia, Agaven und Opuntienkakteen klammern sich an die Felsen, und im April blüht der Ginster goldgelb. Den Eindruck einer immergrünen Insel verstärken Palmen und Bananen sowie die Steineichen- und Pinienwälder. Und an den Felswänden der Schluchten gedeihen seltene Farnsorten; Cyperus polystachyus, ein Tropengras, gibt es in Europa nur auf Ischia.

KIRCHENBOOM

Die Zeit der pittoresk dahinwelkenden Kirchen mit abblätternden Fassaden ist auf Ischia vorbei. Wo nicht bereits renoviert wurde, ist man gerade dabei. Den größten Teil der Kosten und der Arbeit tragen die Gläubigen selber. Die Fassaden sind in frischen Pastelltönen neu gestrichen, der reiche Barockstuck ist

erneuert, Ischias Kirchen erstrahlen in neuem Glanz. Das war eine Menge Arbeit, denn auf der ganzen Insel stehen fast 100 Kirchen und Kapellen. Die meisten davon hat Forio: 18 Gotteshäuser laden hier Gläubige zum Gebet.

Außergewöhnliche Blüte: Hibiskus

LILIE DER SANTA RESTITUTA

Schade: Man findet sie nicht mehr in der Bucht von San Montano, die kleinen weißen Blüten der Seelilie (Pancratium maritimum). Nach der schönen Legende der Schutzpatronin Ischias wurde das Boot mit dem unversehrten Körper der heiligen Restituta dort an Land getrieben. Wundersamerweise sollen daraufhin die Lilien erblüht sein. Der Märtyrertod der Jungfrau, vermutlich Schülerin des ebenfalls hingerichteten Bischofs Zyprian, fällt in die Zeit der Christenverfolgungen unter Kaiser Diokletian (um 284). Ihr Körper sollte mitsamt dem Boot verbrannt und im Meer versenkt werden. Aus ihrer Kirche in Lacco Ameno wurden die Restituta-Reliquien im 7. Jh. nach Neapel gebracht.

'NDREZZATA UND U'PUNTON

So heißen im Ortsdialekt die beiden Folkloretänze uralter Tradition, die in Buonopane, einem Stadtteil von Barano, weiterleben. Die vom Vater an den Sohn weitergegebene 'Ndrezzata (aus *intrecciata*, „Verflechtung") ist eine Art Schwerttanz: Neun Tänzerpaare – nur Männer, alle mit roten Jacken, weißen Kniebundhosen und roter bzw. weißer Zipfelmütze gekleidet, je einen Holzschlegel und -säbel in den Händen – formen zwei konzentrische Kreise. Symbolisch kämpfen sie gegeneinander und bewegen sich in immer schneller werdendem Tempo, angefeuert von Tamburin- und Klarinettenrhythmen.

U'Punton wird, ebenfalls mit Stöcken, zu den Klängen von Blasinstrumenten getanzt. Man imitiert dabei das Feststampfen der Dachkuppel – nach der alten Sitte der nachbarlichen Hilfe beim Hausbauen.

Traditionell getanzt wird am Abend des Ostermontags in Buonopane; gefragt sind die Tanzgruppen heute vor allem für einen besonderen Auftritt auf einer Hochzeit oder bei Jubiläen.

PARRACINE

So heißen auf Ischitanisch die oft jahrhundertealten, robusten Trocken-mauern aus groben Lava- oder Tuffsteinen. Sie säumen Hohlwege, stützen Weinbergterrassen oder bilden die Begrenzung von Grundstücken. Mit Pflanzen bewachsen, stellen sie eine bemerkenswerte Einheit von Form und Funktion, von menschlichem Schaffen und Natur dar.

I PILASTRI

„Pfeiler" (Pilaster) nennt der Volksmund die Aquäduktreste bei San Antuono an der Straße von Ischia Porto nach Barano. Sie sind nicht römischen Ursprungs, wie oft behauptet wird, sondern stammen aus dem 17. Jh.

QUELLEN DER GESUNDHEIT

In Europa ist Ischia das Gebiet mit den meisten Mineralquellen. Aus den Thermalquellen sprudelt zwischen 20 und 99 Grad warmes Wasser. Nicht weniger als 103 Quellen entspringen den 29 sogenannten hydrothermalen Becken. Außerdem gibt es 69 *campi* („Felder") mit Fumarolen, also Stellen, an denen heiße Wasserdämpfe ausströmen.

Die Thermalkuren auf Ischia helfen vor allem bei rheumatischen Entzündungen und Arthrose, bei der Wiederaktivierung der Gelenke in Folge von Unfällen oder Sportverletzungen. Auch gynäkologische Probleme und Entzündungen im Unterleib werden mit Thermalwasserspülungen erfolgreich behandelt. Die Inhalation der Dämpfe lindert Erkrankungen der Atemwege.

Obwohl Griechen und Römer die Thermen von Ischia schon genutzt hatten, waren sie viele Jahrhunderte in Vergessenheit geraten. Ein Arzt aus Neapel, Giulio Iasolino, schrieb 1588 eine Abhandlung über die Heilquellen auf Ischia, die die Insel schlag-

WASSER-VERSORGUNG

1958 wurden zwei Rohrleitungen auf dem Meeresboden installiert, die vom Festland Trinkwasser auf die Insel

Auch auf dem Weg zum Monte Epomeo finden sich *parracine*, den Hang stützende Mauern

artig bekannt machte und heute noch wissenschaftliche Gültigkeit hat.

RADON

Ein Edelgas mit Heilwirkung, das durch natürliche Radioaktivität entsteht. Der Name stammt von der Nobelpreisträgerin Marie Curie. Sie machte ihre Entdeckung 1917/18 in den Thermen von Lacco Ameno und bestätigte damit die Bedeutung ischitanischen Heilwassers.

bringen. Es war höchste Zeit, die Zisternenwirtschaft abzulösen. Flüsse gibt es keine auf Ischia. Das trinkbare Quellwasser reicht bei Weitem nicht. Auf die Bedeutung der Anlage weisen die Gedenktafel an der Ponte Aragonese und der Springbrunnen bei der Kirche Spirito Santo in Ischia-Stadt hin. Den Brunnen schuf der bekannteste Bildhauer Ischias, Antonio Mascolo, ein Freund des chilenischen Dichters und Nobelpreisträgers Pablo Neruda.

ENGELSLAUF UND MUSICA

Höhepunkt des Jahres ist sind die Feiern zum Fest der heiligen Anna im Juli

> Die Ischitaner lieben ihre traditionellen Feste. So können Urlauber neben Konzerten, Theater und Tanz prachtvolle Umzüge, Bootsprozessionen und spannende Ritualtänze erleben, alle begleitet von Musik und aufwendigen Feuerwerken.

■ OFFIZIELLE FEIERTAGE

1. Januar Neujahr; **6. Januar** Dreikönigstag; Ostermontag; **25. April** Tag der Befreiung vom Faschismus; **1. Mai** Tag der Arbeit; **2. Juni** Gründung der Republik; **15. August** Mariä Himmelfahrt; **1. November** Allerheiligen; **8. Dezember** Mariä Empfängnis; **25./26. Dezember** Weihnachten/Tag des hl. Stephanus

März/April

Insider Tipp: Karfreitag: feierliche *Prozession* auf Ischias Nachbarinsel Procida – eine der berühmtesten Osterfeiern Süditaliens. In Forio werden Szenen aus der Passion Christi nachgespielt.
Ostersonntag: ★ *„Engelslauf" (Corsa dell'Angelo)* in Forio, Lacco Ameno und Casamicciola mit den Figuren eines Engels, Marias und Jesu.
Ostermontag (abends): Die Volkstanzgruppe ★ *'Ndrezzata* aus Barano zeigt ihr Können auf dem Kirchplatz in Buonopane.

April

Letztes Aprilwochenende: ▶▶ *Vele spiegate nel Golfo di Napoli*, eine Segelregatta um die Insel.
Anfang April–Ende Juli: *Kammermusikkonzerte* mit jungen Musikern im Park La Mortella in Forio.

Mai

16.–18. Mai: *Fest der hl. Restituta* in Lacco Ameno mit Bootsprozession und Öllichtern auf dem Meer.

Juni

Fronleichnam (Corpus Domini): bezaubernder *Blumenschmuck und Blütenbilder* in den Kirchen Casamicciolas.
1. Samstag: *Festa della Ginestra*, vergnügliche Landpartie zu Fuß über

Aktuelle Events weltweit auf www.marcopolo.de/events

> EVENTS
FESTE & MEHR

die Hochebene Piana di Buceto bei Buonopane mit anschließendem gemeinsamem Schlemmermahl (Treffpunkt 10 Uhr an der Piazza Buonopane).
14.–16. Juni: *Fest des hl. Vitus* in Forio, Volksfest und Prozession.
24. Juni: *Fest des hl. Johannes* (des Täufers) in Buonopane mit der Darbietung der Volkstanzgruppe *'Ndrezzata* auf der Piazza als Höhepunkt.

Juli
In der Aragoneserburg finden zwei Filmfestivals statt: das *Ischia Global Festival* (*www.ischiaglobal.com*) und das *Ischia-filmfestival* (*www.foreignfilmfestival.it*). Dabei werden internationale Filme gezeigt und Weltstars prämiert.
26. Juli: *Fest der hl. Anna* in Ischia Ponte. Festhöhepunkt der Insel: Wie Karnevalswagen ziehen fantasievoll ausgestattete Boote zwischen der Burg und den Santa-Anna-Felsen vorbei, und um Mitternacht erleben Sie den (pyrotechnischen) ⭐ „Brand" der Aragoneserburg.

Juli–September
Im Sommer *Musik-und Gesangsveranstaltungen* auf Plätzen und in öffentlichen Gärten in allen Inselgemeinden.

August
26. Aug.: *Fest des hl. Alexander* mit Umzug in historischen Kostümen von Ischia Ponte nach Ischia Porto.
1. Woche im Monat: *Salsicciata* – Wurst- und Weinfest in Serrara-Fontana.

September
1. Sonntag/Montag: *Fest des hl. Johann Joseph* in Ischia Ponte, Bootsprozession.
8.–12. September: *Fest von Santa Maria del Monte* . Prozession ab Forio als stimmungsvoller Aufstieg zum Wallfahrtskirchlein am Monte Epomeo. **Insider Tipp**

Dezember
8. Dezember–6. Januar: *Ausstellung neapolitanischer Weihnachtskrippen* in den größten Kirchen der Insel und in vielen Hinterhöfen der Via Luigi Mazzella in Ischia Ponte.

> INSEL FÜR FEINSCHMECKER

Spezialitäten aus Meer und Wald – und dazu der passende ischitanische Wein

> **Auf Ischia kann man richtig schlemmen. Die ischitanische Kochkunst unterscheidet sich kaum von der neapolitanischen Küche: überaus schmackhaft, weil mit Knoblauch angebraten, mit Basilikum, Rosmarin und Minze gewürzt, manchmal auch scharf aufgrund einer kleinen Pfefferschote.**

Kaltgepresstes Olivenöl ist die Grundlage fast jeden Gerichts, im Sommer gehört ein kühler Weißwein auf den Tisch.Die typisch ischitanischen Tomaten sind klein, rund und haben dank der Vulkanerde einen intensiven, süßen Geschmack. Wenn man Glück hat, bekommt man die berühmte *bruschetta* – der allgegenwärtige Menüstart oder kleine Imbiss – mit diesen Tomaten serviert. Noch konzentrierter wird ihr Geschmack, nachdem sie bündelweise eine Weile in zugiger Luft unter Terrassenvordächern oder Loggien zum Trocknen gegangen haben.

Bild: Strandrestaurant in Ischia Porto

ESSEN & TRINKEN

Die Grundpfeiler der Lokalküche sind Pasta, Fisch und Gemüse. In den Gemüseläden liegen Artischocken *(carciofi)*, Brokkoli, Auberginen *(melanzane)*, Zucchini, Fenchel *(finocchio)*, Mangold *(bietola)* und die typisch neapolitanischen *friarielli* aus, dazu jede Art von Hülsenfrüchten – von Erbsen *(piselli)*, Bohnen *(fagioli)* bis hin zu grünen Saubohnen *(fave)*, die am liebsten roh mit Olivenöl und Pfeffer gegessen werden. Das Gemüse bekommt man leicht angedünstet oder in Olivenöl und Essig eingelegt auf den Vorspeisenbuffets der Restaurants.

Auch Pilze spielen eine große Rolle, im Spätsommer kann man reiche Beute in den Mischwäldern am Monte Rotaro machen, das können Steinpilze sein, aber auch der *amanita caesarea*, der Lieblingspilz der römischen Kaiser, oder der *mazza di tamburo*, der „Trommelschläger".

Pilze legt man ein, oder man würzt mit ihnen eine der zahllosen Pastasorten aus Hartweizenmehl.

Im Unterholz der Wälder wachsen Thymian, Oregano, Majoran, Bohnen- und Pfefferkraut, sogar wilder Spargel. Manch engagierter Gastronom versucht, die kulinarischen Traditionen der echten Bauernküche wieder aufzugreifen und bringt z.B. die typisch ischitanischen kleinen, grünen Schnecken, die *maruzze*, wieder auf den Tisch seines Restaurants. Zur Bauernküche des Landesinneren gehört natürlich auch das Top-Gericht der Gastronomie Ischias, der Kanin-

> SPEZIALITÄTEN

Genießen Sie die typisch ischitanische Küche!

alici marinate – in Zitrone oder Essig marinierte rohe Sardellen, als Vorspeise

babà – duftiger, in Rum und *rosolio* (süßer Likör) getränkter Kuchen

bruschetta – leicht angeröstete Scheibe Brot, die mit kleinen, saftigen Tomatenstücken belegt und mit Salz, Olivenöl und Knoblauch gewürzt wird

calzone – eine Tasche aus Pizzateig, gefüllt mit Schinken, Mozzarella, Ricotta und Parmesan

friarielli – typisch kampanisches kleinblättriges und leicht bitteres Grüngemüse, am besten in Öl, mit Knoblauch und Pfefferschoten geschwenkt

gnocchi alla sorrentina – kleine Kartoffelteigbällchen, im Ofen mit Tomaten und Stückchen vom Schmelzkäse *scamorza* überbacken

impepata di cozze – im eigenen Saft gedünstete Miesmuscheln, die mit Zitrone, Petersilie und schwarzem Pfeffer gewürzt werden

insalata di frutti di mare – gedünstete Meeresfrüchte, kalt mit Olivenöl, Zitrone, Knoblauch und Petersilie angemacht

mozzarella in carrozza – paniertes, in Olivenöl frittiertes und mit Mozzarella gefülltes Sandwich

polipi affogati – in Tomatensud „ertränkte" kleine Kraken

prosciutto e melone – roher Schinken und eisgekühlte Melonenstücke – ersetzen im Hochsommer eine komplette Mahlzeit (Foto)

sfogliatelle – Blätterteigteilchen mit einer Füllung aus Ricotta, kandierten Früchten, Vanille und Zimt

spaghetti oder linguine allo scoglio – Spaghetti oder schmale Bandnudeln mit Meeresfrüchten und Tomatenstückchen, Knoblauch und Petersilie

torta alle mandorle – der für Ischia typische Kuchen aus Mandeln

zuppa di pesce – große Fischstücke und Meeresfrüchte in Tomatensud und Öl zusammen mit Knoblauch und Pfefferschoten geköchelt; dazu isst man das gute neapolitanische Brot

chenbraten. Einst waren es Wildkaninchen, heute züchtet man sie im Stall oder in Tuffgruben. Gern bereitet man sie als *coniglio alla cacciatora* (nach Jägerart) zu: mit Knoblauch und Pfefferschoten angebraten und in Tomatensud weich gegart.

Das Meer bestimmt hingegen die Küstenküche mit Sardellen *(alici)*, Meerbarbe *(triglia)*, Goldbrasse *(orata)*, Seezunge *(sogliola)*, Krake und Tintenfisch *(polipo, calamaro, seppia)*, vor allem aber mit Miesmuscheln *(cozze)* und Venusmuscheln *(vongole veraci)*. Das Hauptgericht, auf das kein Restaurant an der Küste verzichten kann, ist die Fischsuppe, die *zuppa di pesce*.

Neben typisch süditalienischem Schnittkäse wie *provolone* oder *scamorza* spielt natürlich der *mozzarella* aus Büffelmilch eine wichtige Rolle: vor allem als *insalata caprese* mit Tomaten und Basilikum sowie als *parmigiana*, ein Ofengericht aus mit Käse überbackenen Auberginen-, Mozzarella- und Tomatenscheiben.

Zum Abschluss wird – wie überall in Kampanien und am Golf – Süßes ganz groß geschrieben. In den *pasticcerie* läuft einem das Wasser nicht nur bei der *sfogliatella* (Blätterteigtasche) im Mund zusammen, in Sachen Kuchen wird die Wahl schlichtweg zur Qual, so reich ist das Sortiment.

Die Insel bringt ausgezeichnete Weine hervor. Dank des vulkanischen Bodens und der günstigen Sonnenlage der Weinberge (manche sogar auf 500 m Höhe) gedeihen die Reben prächtig. Vorwiegend gibt es Weißweine – leicht, trocken, würzig, strohgelbe Farbe. Die Spitzenweine, *Bianccolella, Tenuta Frassitelli* und *Foras*

Auch in Ischia Ponte wächst Wein

tera, passen ideal zu Fischgerichten. Erlesene Rotweine sind der blumige *Don Alfonzo* und der delikate *per' e palummo* („Taubenfuß") *Tenuta Montecorvo*. Es munden aber auch die preiswerteren *Ischia Rosso* (den man jung trinken sollte) und *Ischia Bianco*: der Sommerrenner mit leicht harzigem Aroma. Die erwähnten Weine sind alle D.O.C. *(Denominazione di Origine Controllata)*, d.h. staatlich anerkannte Qualitätsweine. Der ischitanische Sekt *Kalimera* ist der große, eisgekühlte Stimmungsmacher.

Als Abschluss eines Essens oder auch als erfrischender Aperitif darf ein *limoncello*, der eisgekühlte Likör aus Zitronenschalen, nicht fehlen.

Der kleine, duftende Espresso, den man in Italien aber nicht Espresso, sondern *caffè* nennt, wird auch auf Ischia überall und zu jeder Tageszeit getrunken.

Warme Küche gibt es meistens von 12.30–14.30 und 19.30–22 Uhr (im Sommer bis Mitternacht). In der Hochsaison gibt es keine Ruhetage.

ZUM SHOPPING NACH ISCHIA

Die Insel steht für Mode- und Luxusartikel, für Kulinarisches und Kunsthandwerk

> Während die meisten Hotels auf der Insel von Ende Oktober bis Ostern geschlossen bleiben, haben fast alle Läden und Boutiquen rund ums Jahr geöffnet. Zehn Gehminuten vom Hafen von Ischia Porto entfernt, und schon sind Sie – der Via Roma folgend – auf dem *Corso Vittoria Colonna,* der Einkaufsstraße par excellence, angekommen. Exklusive und trendige Boutiquen säumen die lange Gasse bis zur modernen *Piazzetta dei Pini.* Dazwischen finden Sie auch schicke Schuh- und Lederwarengeschäfte, noble Juwelier- und Antiquitätenläden. In Lacco Ameno geht man auf dem *Corso Rizzoli* einkaufen. Der *Corso Umberto,* die Einkaufsstraße in Forio, gibt sich weniger elegant, dafür aber preiswerter. In Sant'Angelo bummelt man am besten gleich in *Hafennähe,* wo die Boutiquen dicht nebeneinander liegen.
Die Öffnungszeiten der Geschäfte sind zumeist: 1. Juni bis 30. September tgl. 9–13 und 17–22, sonst Mo-Sa 9–13 und 16–20 Uhr (Lebensmittelgeschäfte haben Sonntagnachmittag geschlossen).

■ FANGO ZUM MITNEHMEN ■

Hätten Sie es je für möglich gehalten, dass man Schlamm als Spezialkosmetik anpreisen kann? In Ischia ist das nichts Ungewöhnliches. Für Frauen, die auch zu Hause ihre Gesichtspflege mit Fangopackungen fortsetzen wollen: Nicht nur bei *Iacono* in Casamicciola *(Ecke Piazza Marina/Corso Luigi Manzi)* wird echter Fango auf Thermalwasserbasis in Gläsern, wie Marmelade, verkauft. Marke: „Terme dell'Isola d'Ischia", versteht sich.

■ FEINKOST ■

Erlesene Feinkost für jeden Geldbeutel gibt es in den kulinarischen Schmuckkästchen *I Sapori dell'Isola d'Ischia* *(www.saporischitani.it),* die ihren Namen von der ersten und bisher einzigen Likörfabrik auf der Insel beziehen. Die Läden sind eine bunte Augenweide für Feinschmecker. Beliebte Evergreens sind außer dem kaltgepressten Olivenöl die neun verschiedenen Oliven- und die vier Likörsorten (aus Erdbeeren, Orangen, Mandarinen und Zitronen). Letzterer –

Inside Tipp

> EINKAUFEN

bekannt als „Lemonis" oder „Limoncello"
– ist ein Likör aus reiner Zitrone mit
Schale, der nach guter alter Bauerntradition hergestellt wird – die perfekte Ge-
schenkidee. Filialen am *Corso V. Colonna
238* in Ischia Porto, in der *Via Duchessa di
Genova 2* in Casamicciola und in der *Via
Roma 32* in Lacco Ameno.

■ KERAMIK ■

Eine große Auswahl an Tellern und Töpfen
in allen denkbaren Farben und Formen
entdeckt man bei den Brüdern *Mennella
& Co.,* die in Casamicciola *(Via Salvatore
Girardi 47)* die einzige Keramikfabrik
der Insel betreiben. Vor allem bei den
großen, reich dekorierten Gefäßen sieht
man ihnen die 500-jährige kunsthand-
werkliche Töpfertradition an *(www.
mennella.it).*
Doch auch die Kollegen aus Forio haben
eine interessante Keramik entwickelt,
jeder Künstler hat seinen eigenen Stil in
Form und Farbe: In vierter Generation
bemalt etwa Meister *Amedeo* von *Cera-
mica Sole d'Ischia* Kacheln, Teller und

Vasen vor den Augen seiner Kunden
etwas außerhalb von Forio *(Via Prov.
Cuotto 198 | Linie 7, Haltestelle Cuotto).*
Eine Filiale hat er auch in Ischia Ponte *(Via
L. Mazzella 20).*
Farbenfrohe Tassen und Teller finden sich
bei *Il Pirata* in der *Via Chiaia delle Rose
139* in Sant'Angelo.
Unter den zahllosen Keramikgeschäften
in Ischia Ponte verkauft *Filippo Cian-
ciarelli* mit seinen Söhnen in seinem
Laden in der *Via L. Mazzella 113 (www.
ceramichecianciarelli.it)* besonders ge-
schmackvoll bemalte Krüge, Schalen mit
Efeumotiven und Blumentöpfe.

■ MODE & MÖBEL ■

Ob handgestickte Nachthemden, Mar-
kenschuhe oder Abendroben: Auf der
Nobelmeile *Corso Vittoria Colonna* in
Ischia Porto finden auch Anspruchsvolle
alles, was ihr Herz begehrt.
In Sachen Antikmöbel und entsprechender Wohnaccessoires ist *El Prado Anti-
chità* in Lacco Ameno *(Piazza S. Restituta)*
nach wie vor nicht zu überbieten.

> EINKAUFS- UND URLAUBSPARADIES

Vom romantischen Fischerhafen bis zu königlichen Suiten bieten die beiden Stadtteile Ponte und Porto fast alles

 KARTE IN DER HINTEREN UMSCHLAGKLAPPE

> Nach der Überfahrt von Neapel durch den Golf – vorbei an der Landspitze von Capo Miseno und der Insel Procida – gleitet die Fähre auf Ischia Porto zu und kommt kurz vor den niedrigen, weiß-grau-rosa Häuserzeilen zum Stillstand, die das runde Hafenbecken säumen.

Kaum zu glauben, aber bis 1854 war das hier ein flacher See, bis ihn der neapolitanische Bourbonenkönig Fer-

dinand II. zu einem Hafen ausbaggern ließ. Über dem Hafenbecken leuchtet purpurrot die einstige königliche Residenz, heute eine Thermalanstalt für italienische Militärs. Es herrscht lebhaftes Treiben auf den Piers, Feriengäste kommen an, andere reisen ab, Reiseleiter sammeln unter hochgehaltenen Schildern ihre Kunden ein. Die einstmals inseltypischen, höllisch lauten Dreiradtaxen *(microtaxi)* sind selten geworden. Eine preiswerte Al-

Bild: Castello Aragonese

ORT ISCHIA

ternative zu den modernen Taxis sind die öffentlichen Busse, mit ihnen gelangt man zügig in fast jeden Winkel der Insel.

Die Inselhauptstadt Ischia setzt sich aus zwei Ortsteilen zusammen, man kommt im neueren Teil, *Ischia Porto* (Ischia-Hafen) [U A–B 1–2] an. Am Abend wird man an das Hafenbecken zurückkehren, an die *Via del Porto* mit den pittoresken Fischerhäusern und den vor Anker liegenden Yachten. Unterm Sternenhimmel verwandelt sie sich in die Ausgehmeile der Insel, verheißungsvoll „Rive Droite" genannt, mit Angeboten für jeden Geschmack: Restaurants und Tavernen, in denen man neapolitanische Schmachtlieder für das reifere Publikum spielt, Straßencafés und Musikkneipen für die Jüngeren.

Der Bummel durch den Ortskern führt über die verkehrsberuhigte Achse *Via Roma/Corso Vittoria Co-*

lonna, und man merkt schnell, welcher Wind hier weht: Eine schicke Boutique reiht sich an die andere, urbane Edelmarken wechseln sich ab mit jungen Trendlabeln oder ausgeflippter Mode an der *Piazzetta dei Pini.*

Die Achse führt hinein in die malerische Altstadt von *Ischia Ponte*

AQUÄDUKT [108 B6]

Wenn man den Ortskern Ischia Portos verlässt und in Richtung Barano der Via Michele Mazzella folgt, stößt man auf eine auf zwei Ebenen angelegte Arkadenreihe aus Tuff- und Ziegelsteinen, die im Volksmund *I Pilastri* genannt und häufig irrtümlich

Auch in heutiger Zeit noch Teil der Arbeit eines Fischers: Netze flicken

(Ischia-Brücke) [U F5–6]. Die charmante Fischersiedlung am Meer, verwitterte Häuser in verwinkelten Gassen und von der Zeit angenagte herrschaftliche Palazzi in der zentralen *Via Luigi Mazzella* führen uns in das 18. Jh. zurück.

Die Gemeinde Ischia beherbergt jede Menge Thermalanlagen, verfügt über Strände und einige besonders schöne Hotels.

als ein Bauwerk aus der Römerzeit bezeichnet wird. Es handelt sich um die noch erhaltenen Teile eines Aquädukts aus dem 17. Jh.

ARAGONESERBURG ☀ (CASTELLO ARAGONESE) ★ [U F1]

Seitdem Hieron, Tyrann von Syrakus, nach der Eroberung der Insel im Jahr 474 v.Chr. auf dem 112 m hohen Basaltfelsen vor der Ostküste ein

Kastell erbauen ließ, wurde diese Festung zum Zentrum und Symbol der wechselhaften Geschichte Ischias. Seit 1441 verbindet ein fester Damm den Felsen mit der Insel. Die größten Zerstörungen verursachte 1809 die Kanonade der englischen Flotte während der Napoleonischen Kriege. Seit 1912 gehört die Burganlage der Familie Mattera, heute den Brüdern Antonio und Gabriele Mattera. Letzterer ist ein renommierter Künstler, dessen Bilder das burgeigene Hotel *Il Monastero* schmücken.

Beeindruckend ist der 475 m lange, 10 m breite und bis zu 5 m hohe Tunnelgang, Teil einer beinahe unbezwingbaren Befestigungsanlage. Zum Burgkomplex zählen mehrere Kirchen, eine davon wird für Kunstausstellungen genutzt. Sie gehörte zum angrenzenden *Klarissenkloster* aus dem 16. Jh. Auf gruselig sonderbare Weise wurden die Nonnen beigesetzt. In zwei niedrigen Räumen sind noch zehn mit Löchern versehene Steinplatten zu besichtigen, auf die die Leichen unter einem Kreuzzeichen gesetzt wurden. Ihre sich auflösenden sterblichen Überreste fielen mit dem Fortschreiten der Zeit in die unterhalb stehenden Steingefäße. Nach diesem

Schreck erholt man sich auf der ☀ Aussichtsterrasse des Cafés *Il Terrazzo* oder in der Hotel-Cafeteria *Il Monastero. Öffnungszeiten der Burg: tgl. 9 Uhr bis Sonnenuntergang | Eintritt 10 Euro inkl. Lift*

Wie Papst Johannes Paul II. im Mai 2002 die Aragoneserburg – als Symbol Ischias – segnet, ist auf einer riesigen, bunten Majolika-Tafel an einer Mauer vor dem Damm von Ischia Ponte verewigt.

KATHEDRALE ⭐ [U C6]

In der malerischen Hauptstraße von Ponte finden Sie die 1751 fertiggestellte und der Assunta gewidmete Barockkirche. Nach der Zerstörung der alten Kathedrale auf dem Burghügel wurde sie 1810 zur bischöflichen Hauptkirche der Insel erhoben. Bemerkenswert ist ein schlichtes Holzkruzifix links vom Hauptaltar (neapolitanische Schule des 14. Jhs.). *Via L. Mazzella*

SAN ANTONIO [U E5]

In der Nähe der *Spiaggia dei Pescatori*, also des Fischerstrandes, wo sich der Arso-Lavastrom ins Meer ergoss, erhebt sich über einer Freitreppe diese 1740 erbaute einschiffige Kirche des

MARCO POLO HIGHLIGHTS

⭐ **Aragoneserburg (Castello Aragonese)**
Stolzes Symbol der wechselhaften Inselgeschichte (Seite 32)

⭐ **Kathedrale**
Barocke Hauptkirche mit Kuppeldächern und Kunstschätzen aus der ehemaligen Burgkirche (Seite 33)

⭐ **Calise**
Cafébar der Superlative: ein Hauch von Wiener Kaffeehaus, Pariser Café Chantant und Mailänder Nobelbar (Seite 34)

⭐ **Il Moresco**
Luxusherberge mit einer Panoramasuite im Turm (Seite 38)

Franziskanerklosters. Im großen Konventsaal sind mehr als 15 000 Bände der von Monsignore Onofrio Buonocore gegründeten *Biblioteca Antoniana* untergebracht: eine schier unerschöpfliche Quelle für Ischia-Forscher. Ein Besuch der Bibliothek lohnt sich schon wegen des dort aufbewahrten Ölporträts der mit Lorbeerkranz gekrönten Dichterin Vittoria Colonna. *Mo–Fr 9–13, Di, Do auch 16–18.30 Uhr | Rampe di San Antonio 5 | Ischia Ponte*

Insider Tipp

SAN GIROLAMO (MADONNA DELLA PACE) [U D3]

Die intime, kleine Kapelle, der friedensstiftenden Jungfrau geweiht und mit modernen Mosaiken geschmückt, steht inmitten des quirligen Gedränges an der *Piazzetta San Girolamo.* Ursprünglich wurde sie nach dem Arso-Ausbruch (1301) als Einsiedelei in der verwüsteten Landschaft errichtet. *Corso V. Colonna 124*

SANTA MARIA DELLE GRAZIE [U C2]

In der Hauptbummelgasse Portos führt eine Treppe zu der 1781 erbauten Barockkirche hinauf, die eine sehr lebhafte architektonische Linienführung aufweist. Ursprünglich war sie den im Fegefeuer leidenden armen Seelen geweiht, dann dem heiligen Petrus und zu guter Letzt der gnadenvermittelnden Jungfrau Maria. *Corso V. Colonna 223*

STADTPARK [U D3]

Ganz in der Nähe der verkehrsüberfüllten Kreuzung *Piazza degli Eroi* bietet sich die ruhige Oase des ausgedehnten Stadtparks zum Verschnaufen an: ein romantischer Pinienhain. Kahle Felsbrocken erinnern daran, dass hier jahrhundertelang nur der erstarrte Lavafluss zu sehen war, der 1301 dem Arso-Vulkan entströmte. Der Hofbotaniker Giovanni Gussone bepflanzte 1853–55 das öde Gelände.

■ ESSEN & TRINKEN ■

CALISE ★ ▶▶ ⓦ [U D4]

Eine Institution: Hier treffen sich Einheimische und Feriengäste, Jung und Alt zum Aperitif oder Lunch, zur Teatime, zum Cocktail, zu abendlicher Musik (tgl. um 21 Uhr *Caffè Concerto* – nur zum Lauschen). Das riesige Lokal – Wiener Kaffeehaus, Pariser Café Chantant und Mailänder Nobelbar in einem – ist eingebettet in einen wunderbaren exotischen Garten mit mehreren Terrassen. Nachts ist Hochbetrieb in der Cafébar: frisch gebackene Hörnchen erwarten dort Nachteulen zum Cappuccino. *Tgl., im Hochsommer rund um die Uhr | Piazza degli Eroi (mit Parkplatz)*

Insider Tipp

CECILIA [U D3]

Zentral gelegenes, einfaches Restaurant mit fairen Preisen. Auch die Pizzen sind empfehlenswert. *Tgl. | Via E. Cortese 7 | Tel. 081 99 18 50 | €*

DA CICCIO [U B2]

Vorteilhafte Kombination von Imbissstube, Konditorei und hervorragender Eisdiele für preisbewusste Gäste. *Am Hafenende der Via Roma, gegenüber den Militärthermen*

DA COCÒ [U E1]

Hier sitzt man direkt am Meer: Der Insidertreff für Freunde bodenständiger Hausmannskost. *April–Okt. tgl.*

Insider Tipp

Speisen unter Palmen an der Piazza L. Mazzella in der malerischen Altstadt von Ischia Ponte

(sonst Mi geschl.) | *Piazzale Aragonese 1 | Tel. 081 98 18 23 |* €€

DA DAMIANO ☆ [U A4]

Ein chaletähnliches Verandarestaurant mit exklusivem Touch. Herrlicher Panoramablick auf den Golf von Neapel. Spezialität von Signor Damiano: fangfrischer Fisch. *Mittags u. Nov.–Ostern geschl. | Via delle Vigne, an der Landstraße SS 270, Hausnummer 5 | Tel. 081 98 30 32 |* €€€

LA DOLCE SOSTA [U D3]

„Die süße Rast" lädt nach dem Shopping zu einer geruhsamen Verschnaufpause ein. Tipp: **brioche con gelato** (Sie haben die freie Wahl unter 18 Eissorten zur Füllung der frischen Brioches). *Ecke Via V. Colonna/Via R. Gianturco*

GAETANO [U C4]

Ein unscheinbares Lokal – aber für die Einheimischen die beste Pizza weit und breit. Unglaubliche 55 saftig-würzige Pizzasorten – auf Bestellung gibt es sie auch glutenfrei – direkt vom Holzofen. Alle ab 5 Euro aufwärts. *April–Okt. tgl. (sonst Mi geschl.) | Via M. Mazzella 58 | Tel. 081 99 18 07 |* €

GRAN CAFFÈ VITTORIA ▶▶ [U D3]

In-Treff der einheimischen Jugend; besonders gegen 22 Uhr belagert (vor allem am Samstagabend). *Corso V. Colonna 110/Piazzetta San Girolamo*

MEZZANOTTE ▶▶ [U B1]

An der „Rive Droite": beliebtes junges Lokal für Cocktails und Abendessen. *In der Saison tgl. abends | Via Porto 78 | Tel. 081 98 16 53 |* €–€€

RIVAMARE [U A2]

Chefkoch Giannino kocht bodenständige ischitanische Hausmannskost zu sehr moderaten Preisen. Rustikales Lokal direkt am Hafen. Spezialität:

rigatoni al pesto di sarde (mit Sardinen). *April–Sept. tgl. (sonst Mi geschl.)* | *Via Lungomare Iasolino 14* | *Tel. 081 98 10 30* | €–€€

SIRENA [U B2]
Die älteste Trattoria in Ischia Porto, die Enkelin des Gründers serviert hervorragende Hausmannskost. Guter Weinkeller. *Tgl.* | *Via Roma 7* | *Tel. 081 99 11 90* | €

IL TORCHIO ☙ [115 D2]
Mitten in den Weinbergen bei Campagnano liegt das gut besuchte Verandarestaurant der Geschwister Trani. Herrlicher Weitblick auf den Golf von Neapel und den Vesuv. Typisches Inselgericht: *coniglio alla moda della nonna* (Kaninchen nach Großmutterart). Auch Hotelbetrieb mit 13 gepflegten Zimmern (€). *Tgl.* | *Via Campagnano 135* | *Ischia Campagnano* | *Tel. 081 90 19 86* | €€

UN ATTIMO DIVINO [U B1]
Nur fangfrischer Fisch, keine Speisekarte, aber eine göttliche Weinkarte: Teresa und Raimondo zaubern ein familiäres Gaumenerlebnis. Oft Livemusik. *April–Sept. tgl. (sonst Mi geschl.)* | *Via Porto 103* | *Tel. 081 19 36 80 69* | *www.unattimodivino.com* | €–€€

■ EINKAUFEN

BOCCIA [U F6]
Insider Tipp
Für Insider: die Bäckerei schlechthin auf der Insel. Der kleine Brotladen des Signor Boccia hat sich zwar zu einem Tante-Emma-Laden entwickelt, aber im alten Holzkohleofen wird das Brot für den täglichen Bedarf wie anno dazumal in bester

Qualität gebacken. *Via Giovanni da Procida 45*

LA CAPRESE PIÙ [U D3]
Größtes und exklusivstes Modegeschäft der Insel: Kleider und Ambiente im Italy-Stil. *Corso V. Colonna 202 (Damen) u. 196 (Herren)*

ENOTECA PERRAZZO [U B2]
An der „Rive Droite" ein gut sortierter Weinladen mit Tropfen von der Insel. *Via Porto 36*

MAGIC BOX [U B3]
Große Auswahl an Musik und Film auf CD. Hier gibt es all die neapolitanischen Lieder, die man abends im Lokal gehört hat. *Via delle Terme 52*

MAREA [U C2]
Im Hinterhof versteckte kleine Kinderboutique: auf Ischia gefertigte entzückende Baumwollkleidchen, außerdem Strandmode zu sehr fairen Preisen. *Via Roma 24*

MISS ALKAZAR [U E6]
Ausgefallene, schräge Mode für junge Individualistinnen. *Ponte* | *Via L. Mazzella 53*

LE MONDE DES BIJOUX [U B2]
Insider Tipp
Smarter Modeschmuck in Topqualität. *Via Roma 121*

STUDIO D'ARTE MARIO MAZZELLA [U F6]
Eigene Galerie dieses namhaften ischitanischen Künstlers von internationalem Format. Seine Gemälde und Grafiken geben das stille Inselleben von einst wieder. Seit dem Tod des Maestro führt sein Sohn die Galerie. *Piazza L. Mazzella 94*

■ ÜBERNACHTEN

CONTINENTAL MARE [U A2]

Ein Tipp für Individualisten: terrassenförmig an eine steil ins Meer abfallende Felswand gebautes Hotel, mit Gartenanlage (Pool), Privatstrand (Kies) und Nutzung der Thermalanlagen des Hotels Continental Terme (Pendelbus). *63 Zi. | Via B. Cossa 25 | Ischia Porto | Tel. 081 98 25 77 | Fax 081 99 25 05 | www.continentalmare. it | €€–€€€*

CONTINENTAL TERME [U B–C6]

Schöne mediterrane Anlage, die sich auf einen 3 ha großen Park verteilt. Vielfältige Thermalkur-, Fitness- und Beautyeinrichtungen. Fünf Thermalpools innen und außen. *244 Zi. | Via M. Mazzella 60 | Ischia Porto | Tel. 08 13 33 61 11 | Fax 08 13 33 62 76 | www.continentalterme.it | €€€*

EXCELSIOR TERME [U E3]

Eines der Luxushotels in Ischia Porto. Ruhige Lage im eigenen Pinienhain mit direktem Zugang zu einem Privatstrand. Alle Zimmer mit Balkon. Komplette Thermalanlage mit allem, was dazugehört. *78 Zi. | Via E. Gianturco 19 | Ischia Porto | Tel. 081 99 15 22 | Fax 081 98 41 00 | www.excelsiorischia.it | €€€*

FLORIDIANA TERME [U D3]

Das älteste Hotel auf der Insel (etwa 100 Jahre). Es liegt mitten im Ortskern, ist aber ruhig und gemütlich verwinkelt. Palmen am Eingang, Schirmkiefern am Pool. Die Zimmer im zweiten Stock haben Meerblick. *65 Zi. | Corso V. Colonna 153 | Ischia Porto | Tel. 081 99 10 14 | Fax 081 98 10 14 | www.hotelfloridianaischia.com | €€*

Der diskrete Charme eines echten Grandhotels: in der Lobby des Excelsior Terme

IL GIARDINO DELLE NINFE E LA FENICE [111 D6]
Herberge mit eher schlichten Zimmern, dafür aber in ruhiger Lage und mit herrlichem Blick von der Solariumterrasse auf Meer und Aragoneserburg. Mit Thermal-Swimmingpool. Stufen führen zum Hotelstrand in der Cartaromana-Bucht hinunter. *31 Zi. | Via Nuova Cartaromana 133 | Ischia Ponte | Tel. 081 99 21 61 | Fax 081 98 35 65 | www.giardinodelleninfe.it* | €–€€

HOTEL FLORA [U C3]
Zentral gelegenes, preiswertes Familienhotel. Spartanische Zimmereinrichtung, aber sauber. Neben Fitness- und Beautycenter gibt es auch eine Sauna samt Hallenbad und ein 34-Grad-Thermalbad auf der Dachterrasse. *88 Zi. | Via A. De Luca 103 | Ischia Porto | Tel. 081 99 15 02 | Fax 081 98 12 40 | www.hotelfloraischia.it* | €

>LOW BUDGET

- Einfache Zimmer kann man schon für 40 Euro pro Tag bekommen, ein paar Agenturen helfen, z. B. *Emozioni Group (Via G. Vico 122 | Ischia Ponte | Tel. 08 13 33 44 | Fax 08 13 33 49 88 | www.emozionitouring.it)*. Oder über das Internet: *Ischiamarket | www.ischiamarket.com | www.ischiarealestate.it*
- Die Pizza Margherita bei *Gaetano (tgl. | Via M. Mazzella 74)* schmeckt nicht nur köstlich, sie ist auch preiswert und kann im Sitzen genossen werden: nur 9 Euro – inkl. Getränk und Gedeck.

IL MONASTERO [U F1] Insider Tipp
Hoch auf der Aragoneserburg wohnt man einfach, aber stilvoll in den Zellen des ehemaligen Klarissenklosters: ein Tipp für Romantiker und Individualisten. Mit atemberaubender Panoramaterrasse fürs Frühstück. *21 Zi. | Castello Aragonese | Ischia Ponte | Tel. 081 99 24 35 | Fax 081 99 18 49 | www.albergoilmonastero.it* | €€

IL MORESCO ★ [U E3]
Intim wirkendes Luxushotel im spanisch-maurischen Stil. Toll: die Royal Suite (Nr. 501) im Turm mit Blick aufs Meer. Neben den üblichen Kuranlagen gibt es auch ein 34 Grad warmes Thermalbad in einer Naturgrotte. Die Klimatisierung des Hauses erfolgt durch Nutzung der Geothermie. *68 Zi. | Via E. Gianturco 16 | Ischia Porto | Tel. 081 98 13 55 | Fax 081 99 23 38 | www.ilmoresco.it* | €€€

PUNTA MOLINO [U E3]
Ein elegantes Grandhotel im wahrsten Sinn des Wortes: Stilmöbel und Gobelins bei modernstem Komfort, ruhige Lage in einem Pinienhain dicht am Meer, privater Sandstrand und Thermalanlagen. *88 Zi. | Lungomare Colombo | Ischia Porto | Tel. 081 99 15 44 | Fax 081 99 15 62 | www.puntamolino.it* | €€€

VILLA ANTONIO [U E2]
Steile Treppen führen vom Meer durch den romantischen Garten zur rosa Villa hinauf. Die Terrasse ist von anmutigen Skulpturen des Giovanni De Angelis aus der Künstlerfamilie der Eigentümer geschmückt. Ein Hotel ohne große Ansprüche, aber mit

Boheme-Flair. *14 Zi.* | *Via San G. Giuseppe della Croce 77* | *Ischia Ponte* | *Tel. 081 98 26 60* | *Fax 081 98 39 41* | *www.villantonio.it* | €

■ THERMALBÄDER ■

Etwa 25 Hotels in Ischia Porto und Ischia Ponte haben ihre eigene Ther-

Heilkunde, Gynäkologie, Dermatologie und Kosmetik. Von November bis März wirbt diese, wie auch andere Einrichtungen, mit Spezialangeboten für Kur- oder Beautybehandlungen. *Ganzjährig Mo–Fr 7–12 Uhr* | *Via delle Terme 15* | *Tel. 081 98 54 89* | *www.marinaischia.it* („*Le Terme*")

Hotel am Hang mit herrlichem Weitblick: das Giardino delle Ninfe e La Fenice

malabteilung. Die Kur- und Behandlungspreise richten sich nach der jeweiligen Hotelkategorie.

Es gibt aber auch öffentlich zugängliche Thermalanlagen, wie die *Terme di Ischia* [U B3]: eine Allroundanlage mit modernen Einrichtungen im zentralen Ortsteil *Villa Bagni.* Bereitgehalten wird ein breit gefächertes Angebot an Kuranwendungen auf vielen medizinischen Gebieten: Rheumatologie, Traumatologie und Sportmedizin, Hals-Nasen-Ohren-

■ STRÄNDE ■

Ischia ist eine Badeinsel par excellence – wobei man natürlich zunächst an die Thermalbäder denkt. Es gibt aber auch schöne Sandstrände, von denen allerdings die bekanntesten und beliebtesten außerhalb des Gebiets von Ischia Porto und Ischia Ponte liegen. Zumeist gelten folgende Tarife: *Eintritt mit Benutzung des Umkleideraums ca. 2 Euro, Liegestuhl ab 6 Euro, Liege ab 9 Euro, Sonnenschirm ab 6 Euro*

BADESTRÄNDE ✂

Cartaromana [109 D6]: Der Sandstrandstreifen liegt unterhalb einer steilen, im Süden von einer wildromantischen Schlucht begrenzten Felswand. Am leichtesten ist er zugänglich über die Via Cartaromana. Vom Ortsteil San Michele aus kann man auch eine Treppe aus schwarzem Lavastein erreichen, die zu jener Stelle hinunterführt, wo 40 Grad warme Quellen im seichten Meerwasser sprudeln. Oder man lässt sich von einem Taxiboot von Ischia Ponte aus (beim Burgdamm) hinfahren (ca. 3 Euro), zum Sonnetanken auf den Klippen oder auch, um in den netten Trattorien wie *I Pirati* oder *Maria* einzukehren und von dort dem Treiben zuzuschauen. Antike Ruinen auf dem Meeresgrund sind ein tolles Ziel für Taucher.

Dem Strand sind die *Scogli di Sant'Anna* vorgelagert, etwa ein Dutzend Felsklippen. Die beiden größten Brocken heißen *A Seggia* und *Munsignore*. Ein Steg führt zu einem flachen Felsen aus dem Thermalpark *Giardino Eden,* dessen Gäste sich dort, vom Meer umgeben, in der Sonne aalen.

Spiaggia dei Pescatori [U E4]: Nördlich vom Kastell ist am Ostufer der „Strand der Fischer" etwa zweimal so groß wie der von Cartaromana. Teils frei zugänglich, teils mit kleinen Badeanstalten. In der Hochsaison voll und chaotisch.

Spiaggia Lido – Spiaggia di San Pietro: Zwischen *Punta Molina* und *Punta San Pietro* [U C2], also östlich vom Hafen, am Nordufer, erstreckt sich der größte zusammenhängende Sandstrand von Ischia Porto. Auch hier wechseln sich Badeanstalten mit frei zugänglichen Abschnitten und kleinen Gaststätten ab, wie z.B. *Isola Verde* oder *Dei Fiori*. Trotz Hafennähe ist das Wasser hier einigermaßen sauber; in der Hochsaison ist der Strand natürlich chaotisch voll, doch in der Nebensaison, wenn man mit den Fischern, Booten, Netzen und Hunden quasi unter sich bleibt, kommt eine geradezu poetische Stimmung auf.

Der *Spiaggia degli Inglesi* [108 B2], der „Strand der Engländer", trägt nicht umsonst seinen Namen. Sogar Winston Churchill hat seine Schönheit gerühmt. Richten Sie sich auf der Fahrt nach Casamicciola, westlich vom Hafen, nach dem Schild, das den Weg zum steilen Abhang anzeigt. Unterhalb der Felswand liegt ein kleiner, ruhiger Strand mit Badeanstalt und Trattoria.

■ AM ABEND
BLUE JANE [U A1]
Die größte Sommerdisco von Ischia Porto. In poppigem Ambiente tanzt man bis 5 Uhr morgens. Frische Luft schnappen kann man auf einem Felsen am Meer oder im Garten. *Ende der Via Iasolino, an der Hafenmole*

ECSTASY [U C3]
Pianobar an der frischen Luft, mit bequemen Sofas und Sesseln, jüngeres Publikum bis über Vierzig. Im Hochsommer tanzt hier jeden Abend der Bär. *Via V. Colonna 97 (Piazzetta dei Pini)*

FRIENDSCLUB [U D3]
Eine typische American Bar, die der aktuellen Mode entspricht. Das Pub-

likum von 16 bis über Vierzig tanzt und trinkt drinnen und draußen. *Via V. Colonna 123 | www.friendsclub.it*

NEW VALENTINO   [U C3]

Im bekanntesten Nachtlokal Ischias tanzt ein etwas reiferes Publikum vor Malereien, die die ischitanische Landschaft zum Thema haben, abwechselnd zu softer Pianomusik oder zu Discoklängen. *Tgl., in den Wintermonaten nur Do–So | Corso V. Colonna 97 | www.valentinoischia. eu | Eintritt ab 8 Euro*

PANE & VINO   [U E4]

An der „Rive Droite": sympathische Osteria mit guten Imbissen und erstklassigen Ischia-Weinen. *Tgl., nur abends | Via Porto 24 | Tel. 081 99 10 46 | €*

■ AUSKUNFT ■

AZIENDA AUTONOMA DI CURA SOGGIORNO E TURISMO

Das Informationsbüro liegt gleich am Hafen [U A2]: *Banchina Porto Salvo | Via Iasolino 23 | Tel. 08 15 07 42 31 | Fax 08 15 07 42 30 | www.infoischia procida.it*

Private Agenturen helfen weiter bei der Hotelvermittlung, der Organisation von Ausflügen, bei der Beschaffung von Tickets, Klärung von Abfahrtszeiten; z.B. am Hafen: *Viaggi Romano | Via Porto 3–5| Tel. 08 15 07 40 50 | Fax 081 99 39 43 | www.ischiadirecttours.com*

■ ZIELE IN DER UMGEBUNG ■

CAMPAGNANO ☀   [114–115 C–D2]

Von San Antuono oder San Michele kommt man bald zum etwas höher

Platz zum Sonnen, Schauen und Schwimmen: Badeklippen in Ischia Porto

gelegenen Dörfchen Campagnano. Vom Hügel aus ist der Blick auf das Aragoneserkastell besonders malerisch. Hübsch das Lokalkolorit des kleinen, geschlossenen Kirchplatzes, an dem die mit Majolikakacheln geschmückte *Chiesa dell'Annunziata* aus dem 17. Jh. steht.

FIAIANO   [108 A5–6]

Südlich von Ischia Porto, am Hang des berüchtigten Monte Arso, dessen 158 m hoher Krater heute bebaut und kaum noch erkennbar ist, liegt das Dorf Fiaiano. Besonders schön ist der Ausblick vom ☘ Belvedere auf den Golf von Neapel.

Tipp: Steigen Sie zur *Santa-Anna-Kirche* hinunter (der Glockenturm ist so robust wie ein Wehrturm gebaut), und scheuen Sie nicht einen erholsamen Spaziergang im beeindruckenden Pinienwald, der heute auf dem ehemaligen Lavastrom von 1301 gedeiht.

PIANO LIGUORI ☘   [114 C3]

Von Campagnano aus erreicht man nur zu Fuß die verschlafene, uralte 20-Seelen-Siedlung auf einem Hochplateau. Der Hohlweg, durch den man wandert, ist grob gepflastert, dann führt zwischen den Weinbergen nur noch ein Saumpfad steil hinauf. Die Mühe lohnt sich – schon wegen des traumhaften Blicks auf Capri.

☘ Überraschend schöne Ausblicke bietet der Rückweg, wenn man oben der parallel verlaufenden Küstenlinie folgt und vor Campagnano noch einen kleinen Schlenker hinüber zu den *Torri*, den Turmruinen [115 D2] macht.

PROCIDA ☘   [116 C4–5]

Die kleine Insel Procida ist ein malerisches Fleckchen, wo immer noch der gemächliche Rhythmus des einfachen Fischerdaseins und des ländlichen Lebens weitgehend den Alltag bestimmt. Kommt man mit dem Aus-

> BLOGS & PODCASTS
Gute Tagebücher und Files im Internet

> **www.travelpod.com/photos/0/Italy/Ischia%20and%20Capri.html**
– viele abrufbare Fotos mit persönlichen Kommentaren von Urlaubsgästen auf Ischia. Mit „Forum Discussions" für Ihre Ischia-Erlebnisse

> **www.ischiablog.it** – Artikel über aktuelle kulturelle Veranstaltungen. Leider nur für Leser, die bessere Italienisch-Kenntnisse haben. Mit Shopping-Tipps von kommerziellen Anbietern

> **www.prontoischia.de/blogde/** – redaktionelles Portal (kein Blog), das tagesaktuelle Nachrichten sowie brauchbare Informationen rund um Ischia liefert. Mit Forum

> **www.podcast.de/episode/1320145/02** – Ralf Bergner berichtet von der Insel Ischia: informativer Audio-Podcast mit persönlicher Note

> **www.ischia.org** – Auf dieser Seite finden sich u.a. Filmausschnitte und Liedertexte mit Hörproben

Für den Inhalt der Blogs & Podcasts übernimmt die MARCO POLO Redaktion keine Verantwortung.

flugsschiff von Ischia herüber, so sollte man sich dem Fahrer eines Microtaxis anvertrauen. Er kutschiert einen durch die pittoresken Gässchen auf den ⚜ Festungshügel, die sogenannte *Terra Murata* („gemauerte Erde") mit der Kirche *San Michele Arcangelo,* zu bezaubernden Aussichtspunkten, dann durch die bukolische

Casamicciola und Ischia Porto. Nach 30 Minuten landet man am Anlegeplatz an der Nordküste Procidas. Viel malerischer als die Häuserfront am Hafen sind die pastellfarbenen Fassaden an der Corricella-Bucht, wo die bunten Fischerboote am Fuß des Festungshügels ankern. Schaut man zu der mittelalterlichen Siedlung hin-

Insider Tipp

Procida: Santa Maria delle Grazie in der mittelalterlichen Oberstadt

lische Landschaft mit ihren üppigen Obst-, Gemüse- und Weingärten bis hin zur Fußgängerbrücke, die Procida mit der Mini-Insel Vivara verbindet. *Vivara,* ehemals königliches Jagdrevier, ist heute Naturschutzgebiet und ein wichtiger Rastplatz für Zugvögel. Das Inselchen darf nur mit Sondererlaubnis betreten werden.

Einschiffen kann man sich in den Häfen von Forio, Lacco Ameno,

auf, so beeindrucken die massiven Mauern des *Palazzo Baronal,* von dessen ⚜ Terrasse man einen wunderbaren Blick über die Bucht hat. Alle Agenturen auf Ischia bieten Schiffsausflüge nach Procida an (ca. 14 Euro hin und zurück), auch Ganztagesausflüge mit geführter Inseltour (ab 30 Euro). Gleich am Hafen finden Sie Restaurants, z.B. das *Gorgonia* (€€€) und das *Da Michele* (€).

> SPRUDELNDE OASEN

Der Badeort Ischias mit den meisten Thermalquellen
in idyllischer Hügellandschaft

> *Fare una Casamicciola:* Da hat einer ein Desaster angerichtet, ein Chaos veranstaltet. Eine typisch ischitanische Redewendung seit dem tragischen 28. Juli 1883, als Casamicciola, Epizentrum eines heftigen Erdbebens, fast völlig zerstört wurde. Rund 1800 Bewohner starben unter den Trümmern ihrer Häuser.

Auch Kurgäste waren darunter, da Casamicciola schon damals ein viel besuchter Thermalkurort war, der älteste überhaupt auf Ischia. Denn die brodelnden Kräfte unter dem vom Meer aufsteigenden Hügelgebiet, über das sich die Gemeinde (ca. 7000 Ew.) zwischen Ischia Porto und Lacco Ameno hochzieht, bringen ja nicht nur Zerstörung, sondern vor allem den reichen Segen der zahllosen heißen Quellen. So heißt der Ort seit den 1950er-Jahren denn auch Casamicciola Terme [106–107 C–D 2–3].

Die erste große Thermalanlage wurde 1604 gegründet: die Bäder

Bild: Casamicciola

CASAMICCIOLA

Pio Monte della Misericordia, eine soziale Einrichtung, die es mittellosen Kranken aus Neapel ermöglichte, ihre Leiden in Casamicciola zu kurieren. Der heutige gleichnamige Komplex nahe der Uferstraße stellt den Neubau nach dem Erdbeben dar, ist seit Jahren verlassen, soll jedoch in absehbarer Zeit renoviert werden.

Der untere Teil Casamicciolas mit einem respektablen Hafen, in dem eine Menge Yachten liegen und ein reger Fährverkehr mit Neapel und den Inseln im Golf herrscht, erstreckt sich an der viel befahrenen und lauten Inselstraße SS 270. Immerhin ist zumindest teilweise die zentrale *Piazza Marina* mit Cafés, Grünanlage und Geschäften verkehrsberuhigt worden. Im höher gelegenen Siedlungsteil liegt die *Piazza Bagni,* das Zentrum des alteingesessenen Thermalbetriebes mit den historischen Thermalanlagen *Belliazzi* und *Manzi.* Ein weiterer Hügelbezirk, Gran Sentinella genannt, bezaubert mit seinen im Grünen verstreuten Villen zwischen Wein- und Obstgärten und mit herrlichen Ausblicken.

Nudeln satt: Pasta-Auswahl im Il Focolare

■ SEHENSWERTES ■

GRAN SENTINELLA ★ ⟋ [106 B2]

In dieser 126 m über dem Meer gelegenen Siedlung auf dem östlichen Hügel mit herrlichen Panoramaausblicken und alten Villen wohnte der italienische Freiheitsheld Giuseppe Garibaldi 1864 in der Villa Zavota am Ende einer Oleanderallee (heute Villa Parodi-Delfino, *Via Castanito 68*). Der norwegische Dramatiker Henrik Ibsen schrieb von Mai bis August 1867 in der Villa Pisani, damals das Albergo Europa, die ersten Akte zu „Peer Gynt" (am Ende der Sackgasse *Piccola Sentinella*).

MADONNA DEL BUON CONSIGLIO [106 C2]

Muttergottes des Guten Rates: von Seeleuten und Fischern erbautes Kirchlein gegenüber dem Hafen. Schöner Stuck und drei Altäre mit buntem Marmor. *Piazza Marina*

MARIA SS. DELLA PIETÀ [106 C2]

Die neoklassizistische, hell getünchte Fassade stammt von 1897 und zeigt am Eingang zwei bezaubernde fackeltragende Majolika-Putten mit grüngelben Flügeln. In der Apsis gibt es eine wertvolle Kreuzabnahme des Barockmalers Andrea Vaccaro (1598 bis 1670) aus dem Jahr 1643. *Corso Luigi | Seeufer*

OSSERVATORIO GEOFISICO ⟋ [106 B2] Insider Tipp

Auf dem Gran-Sentinella-Hügel befindet sich auch das 1885 zwei Jahre nach dem Erdbeben errichtete geophysikalische Observatorium, das internationalen Rang auf dem Gebiet der Erdbebenforschung erlangte. 1923 wurde es geschlossen, seit Neuestem kann man es sonntags besuchen. Sehenswert ist ein seismologisches Wasserbecken rechts neben dem kleinen exotischen Garten, schön die Aussicht vom Dach aus. *Derzeit wegen Renovierung geschl., sonst April–Dez. So 10–12 Uhr (im Sommer auch 18–22 Uhr) | Via Grande Sentinella | Eintritt frei*

RIONE PERRONE [107 D2]

Aus dem Wiederaufbau Casamicciolas nach dem verheerenden Beben von 1883 stammt diese sogenannte Barackensiedlung, eine dicht gedrängte Ansammlung von Häuschen, damals als Provisorium gedacht und heute als denkmalgeschütztes Gassenviertel Perrone im unteren östlichen Ortsteil zu bestaunen.

SANTA MARIA MADDALENA [106 C3]

Der Schutzpatronin der Gemeinde geweihte Pfarrkirche. Sie wurde nach dem Erdbeben von 1883 in Form eines lateinischen Kreuzes völlig neu aufgebaut. *Piazza Parrocchiale*

TERME BELLIAZZI ★ [106 C3]

Ischias einzige Thermalanstalt, in der man unter der Erde die Quellanlage und die Fangoaufbereitung erleben kann. Teile der Bögen und Pfeiler in der geheimnisvollen *Gurgitello-Grotte* sollen noch aus der Römerzeit stammen. *Besichtigung der Quellgrotten nur mit Begleitung nach Anfrage beim Pförtner, links v. Eingang (Trinkgeld empfohlen) | Piazza Bagni | www.termebelliazzi.it*

TERME MANZI [106 C3]

In einer der Einzelkabinen kann man die einzige aus dem 19. Jh. erhaltene Marmorwanne besichtigen. Garibaldi nutzte sie 1864, um nach der Schlacht von Aspromonte eine Beinwunde zu behandeln. *Piazza Bagni*

■ ESSEN & TRINKEN

BAR CALISE ▶▶ [106 C2]

Zentraler Treffpunkt gegenüber dem Hafen mit alter Tradition aus den 1920er-Jahren, doch leider im Inneren stillos modern erneuert. Angenehm die schattige Terrasse, empfehlenswert das Eis. *Bis spät in die Nacht | Piazza Marina*

IL FOCOLARE ★ [107 E4]

Die meisten Restaurants verblassen, hat man dieses ganz in den Hügeln versteckte Lokal einmal entdeckt. Hier erlebt man traditionelle Hausmannskost vom Allerfeinsten. Riccardo D'Ambra, der die Trattoria vor 20 Jahren gründete, bekennt sich zum sogenannten „Slow Food": Die Gäste sollen hier in grüner Umgebung abschalten und sich ein sinnliches Mahl auf der Zunge zergehen lassen. Loretta, seine Frau, verwendet nur typisch mediterranes Gemüse, Kräuter und Wurzeln aus dem eigenen Garten. Das Ehepaar legt Wert auf eine Küche mit saisonalen Produkten: Jedes Gericht ist ein lukullisches Erlebnis. *Tgl. abends, Sa u. So auch mittags, im Winter Mi geschl. | Via Cretaio al Crocifisso | Tel. 081 90 29 44 | www.trattoriailfocolare.it | €€*

■ EINKAUFEN

L'AMARILLIDE [106 C2]

Mode von typisch italienischer Eleganz, begleitet von einer netten, kompetenten Beratung. *Via Monte della Misericordia 43*

MARCO POLO HIGHLIGHTS

★ **Gran Sentinella**
Ausblicke vom Allerfeinsten (Seite 46)

★ **Il Focolare**
Wiederentdeckung der Bauerntradition in Küche und Folklore (Seite 47)

★ **Terme Belliazzi**
Quellgrotten zum Besichtigen (Seite 47)

★ **Mennella**
Keramikfabrik mit dem größten Sortiment auf der Insel (Seite 48)

LA CANTINA [106 C2]

Der Name sagt es schon: einheimische Weine und Liköre in Hülle und Fülle. *Lungomare 55*

KÈRAMOS [106 C3]

In dem versteckten Keramikladen kann man den Kunsthandwerkern bei der Arbeit über die Schulter schauen. *Via d'Aloisio 89*

MENNELLA ⭐ [107 E2]

Hat man schon die bunten Vasen und Majolikakacheln in den Schaufenstern der Mennella-Läden in Ischia Porto oder Lacco Ameno beäugt, lohnt es sich, auch die 500 Jahre alte Keramik- und Terrakottafabrik aufzusuchen. *Betriebsbesichtigung Mo–Fr 8–13 u. 15–17 Uhr, Verkauf bis 20 Uhr | Via Salvatore Girardi 47 | an der SS 270 am östl. Ortseingang*

>LOW BUDGET

> Von den zwölf günstigen Bed & Breakfasts der Insel liegen neun in der Umgebung von Casamicciola. Zwei Tipps: Außerhalb der Hochsaison kostet ein Doppelzimmer in der *Villa 5 Pini* zwischen 50 und 60 Euro inkl. Thermalbad. Die Villa ist nur 150 m vom Meer entfernt *(Traversa Castiglione 1 | Tel./Fax 081 98 54 33 | www.villa5pini.it)*.
> Im Haus von Ada und Rosa Di Meglio kosten die sechs Doppelzimmer 30 Euro pro Kopf. Terrasse mit Weitblick aufs Meer. Signora Ada spricht deutsch und holt ihre Gäste persönlich von der Fähre ab *(1. Juni bis 31. Okt. | Via Cretaio 14 | Tel. 081 99 37 39)*.

■ ÜBERNACHTEN ■

HOTEL PARADISE ☼ ♫ [106 B3] *Insider Tipp*

Ein verstecktes kleines Hotel hoch oben am Observatoriumshügel vor dem Wald am Epomeo: alle Zimmer und Apartments mit Balkon und einem atemberaubenden Blick auf das Meer. *30 Zi. | Via Grande Sentinella 32 | Tel. 081 99 62 63 | Fax 081 99 59 31 | www.hotelparadiseischia.it | €*

MONTI ☼ ♫ [106 B3]

Sympathisches, familiär geführtes Hotel in ruhiger Lage in den Hügeln, mit Pool und einer herrlichen Aussicht. *26 Zi. | Calata S. Antonio 7 | Tel. 081 99 40 74 | Fax 081 90 06 30 | www.hotelpensionemonti.com | €*

L'OASI CASTIGLIONE ♫ [107 E2]

Das kleine, aber feine Hotel nennt sich zu Recht Oase: Es liegt inmitten des zauberhaften Thermalparks Castiglione. Der Gast hat freien Zugang zu den Parkeinrichtungen und an den Strand. *26 Zi. u. Apt. | Via Castiglione 62 | Tel. 081 98 25 51 | www.terme castiglione.it | €€€*

POGGIO ARAGOSTA [106 B3]

Vor der Kulisse der Hänge des Epomeo Richtung Fango verteilt sich diese geschmackvolle Anlage in üppiger Vegetation, mit Thermalpool und Shuttleservice in den Ort. *38 Zi. und Apt. | Via Borbonica | Tel. 081 98 02 36 | Fax 081 99 56 67 | www.hotelpoggioaragosta.it | €–€€*

VILLA D'ORTA ☼ [106 C2]

Ein freundliches, kleines Familienhotel in herrlicher Panoramalage. Es bietet einen Pool und außerdem Preis-

CASAMICCIOLA

nachlass für junge Leute. *23 Zi.* | *Via Piccola Sentinella* | *Tel. 081 99 47 00* | *Fax 081 99 59 21* | *www.hotelvilla dorta.it* | €

■ STRÄNDE

Neben dem Strand von *Castiglione* [107 E2] gibt es in Casamicciola noch zwei weitere: *Bagnetielli* [107 E2] und

TOURISMUSBÜRO [106 C2]

Nur im Sommer geöffnet. *Piazza Marina 62* | *Tel. 08 15 07 25 21*

■ ZIEL IN DER UMGEBUNG ■

MONTE ROTARO ☀ [107 E3]

Ein vulkanisches Naturwunder lädt zum romantischen Kraterbesuch ein. Man muss nicht unbedingt bis zum

Über dem Meer liegt der Castiglione-Thermalpark mit zehn Schwimmbecken

Perrone [107 D2] am Hafen. Letzterer lässt allerdings leider an Sauberkeit zu wünschen übrig.

■ AUSKUNFT

AVET AENARIA [106 C2]

Hier gibt es aktuelle Schiffsfahrzeiten, Infos und Angebote zu Ausflügen, Hotels, Autovermietungen etc. *Piazza Marina 20* | *Tel. 081 99 48 80* | *Fax 081 99 44 41* | *www.ischia.org*

höchsten Punkt (266 m) des Kraterrands steigen. Folgt man den leicht steilen Serpentinen der *Via Cretaio,* erreicht man den Linksabzweig (Schild „Centro Sportivo"), von dem ein Fußweg zum zaunbegrenzten Rastplatz führt. Der Blick hinunter in die Tiefe des waldbewachsenen Kraters und hinauf, wo die Mulde sich gegen den blauen Himmel abzeichnet, verschlägt einem den Atem.

> ZWISCHEN FUNGO UND FANGO

Heilschlamm, Keramikkunst und Mäzene machten aus der
ehemals griechischen Siedlung einen noblen Kurort

> **Man sitzt im Schatten des Mäuerchens
im netten Le Petit Café und schaut auf die
gartenähnliche *Piazza Santa Restituta* mit
ihren Straßencafés, den schönen Thermalanlagen aus den 1950er- und 1960er-
Jahren und der Kirche Santa Restituta und
lässt es sich beim erfrischenden Cocktail
gut gehen.**

Oder man wählt das Café Triangolo
am Meeresufer mit Blick auf *Il Fungo*
– Lacco Amenos Wahrzeichen –, den
kuriosen, trotzig aus dem Meer ragen-
den Pilz neben der kleinen Hafenmole: womöglich der dickste unter
den Tuffsteinbrocken, die in uralten
Zeiten vom Monte Epomeo den Hang
hinuntergerollt sind. Die Uferpromenade zieht sich freundlich dahin und
lädt zum Bummeln ein. Im Nord-
westen schiebt sich der *Monte Vico,*
der Hausberg Lacco Amenos, ins
Meer, davor liegen schöne, luxuriöse
Hotels. Hier beginnt man zu begrei-
fen, weshalb viele meinen, dies sei

Bild: Il Fungo

LACCO AMENO

zwar der kleinste, aber bei Weitem der feinste Ort auf ganz Ischia.

Vom Fungo bis nach Fango ist es nur ein Katzensprung, Luftlinie kaum mehr als 1 km, und von West nach Ost misst Lacco Ameno [105 D–F 2–3] ebenfalls nur 2 km. 1863 fügten die Bewohner dem Namen griechischen Ursprungs *(lakkos* für Grube, Wasserloch) das vom Lateinischen *amoenus* (lieblich) abgeleitete „Ameno" hinzu. Das Dörfchen *Fango* am Hügel ist übrigens nicht nach dem weltweit berühmten Heilschlamm benannt worden – sondern genau umgekehrt: Dieser wurde nach seinem Fundort getauft. Die knapp 4000 Ew. Lacco Amenos sind noch auf zwei weitere Ereignisse und Namen aus der Geschichte stolz. Pithecusa, die erste griechische Siedlung in Italien (um 770 v. Chr.), befand sich am heutigen Monte Vico. Sie gab der ganzen Insel ihren Namen in der Antike, abgeleitet von *pithos* (Tongefäß). Nicht von ungefähr: Das reiche Vorkommen an Ton begünstigte das Aufblühen der griechischen Keramikkunst. Berühmt ist der in den 1950er-Jahren von Giorgio Buchner in der Bucht von San Montano entdeckte „Nestorbecher". Ihn ziert die älteste im westlichen Mittelmeerraum erhaltene griechische Inschrift (um 730 v.Chr.): eine Widmung in drei beschwingten Versen an die Liebesgöttin Aphrodite,

chen Ende der Uferpromenade geweiht.

Dem Verleger Angelo Rizzoli hat es Lacco Ameno zu verdanken, dass es sich in den 1950er-Jahren zu einem Nobelkurort entwickelte. Neben einer neuen Thermalanstalt mit imposantem ionischem Säulengang entstand an der *Piazza S. Restituta* dank Rizzolis Initiative auch ein Luxushotelensemble. Ohne diesen anspruchsvollen Komplex wäre die ra-

Gleich jenseits der Uferpromenade liegt der Strand von Lacco Ameno

zu bewundern im lokalen Archäologischen Museum.

Am Sandstrand der so idyllischen Bucht, westlich vom Monte Vico, fügt sich der prachtvolle Thermalpark ★ *Parco Negombo (S. 88)* harmonisch in die zauberhafte Landschaft ein. An diesem Ufer soll der Legende nach das Boot der heiligen Restituta – Laccos Schutzpatronin – gestrandet sein. Ihr ist die Kirche auf dem Hauptplatz Laccos am westli-

sante touristische Entwicklung Lacco Amenos in den letzten Jahrzehnten undenkbar gewesen.

Die Thermalanlage ist übrigens öffentlich und nicht nur für Hotelgäste zugänglich. Hier lassen sich gestresste Manager(-innen) aus dem In- und Ausland prophylaktisch von Kopf bis Fuß verwöhnen. Sie wissen von der wohltuenden Wirkung dieser Thermalquellen, Lacco Amenos kostbarstem Kapital. Die Einwohner sind

> *www.marcopolo.de/ischia*

davon überzeugt, diese seien die radioaktivsten der Welt. Ganz stimmt das zwar nicht, aber sie gehören zweifellos dazu. Auch die Physik- und Chemie-Nobelpreisträgerin Marie Curie interessierte sich während eines Erholungsaufenthalts in Lacco Ameno für diese radioaktiven Quellen und nannte deren Wirkstoff Radon *(s. S. 21)*. In der Säulenhalle der *Thermen Regina Isabella* hält neben dem Eingang eine Gedenktafel das Datum ihres Forschungsbesuchs fest, den 7. August 1918. Außer dem stark radioaktiven Heilwasser wird hier auch der damit zubereitete Fango für Heilzwecke eingesetzt.

■ SEHENSWERTES ■

MONTE VICO,
TORRE ARAGONESE ☼ [105 E1–2]

Von der Piazza Santa Restituta führt ein bewachsener, steiler Weg hinauf zum *Monte Vico* (116 m) mit Blick auf Lacco Ameno, Casamicciola und den Golf von Neapel. Die *Via Nuova Monte Vico* führt zum idyllischen Friedhof und zu dem im 14. Jh. vom Aragonierkönig Alfons auf römischen Grundmauern errichteten Wachturm *Torre Aragonese,* der heute als Friedhofskapelle genutzt wird.

Oben auf dem Berg liegt das Hotel San Montano.

MUSEO E SCAVI ARCHEOLOGICI
DI SANTA RESTITUTA ★ [105 E2]

Das Museum entstand Anfang der 1950er-Jahre, nachdem bei Restaurierungsarbeiten unter dem Boden der Santa-Restituta-Kapelle die frühchristliche Krypta mit zahlreichen Gräbern entdeckt wurde. Pfarrer Don Pietro Monti, selbst leidenschaftlicher Liebhaber der Archäologie und Anhänger des großen Ischia-Forschers Giorgio Buchner, sorgte damals nach der erfreulichen Überraschung für die Fortsetzung der Ausgrabungen – aus eigener Initiative und ohne öffentliche Hilfe.

So kann man heute nicht nur museale Ausstellungsstücke besichtigen, sondern an Ort und Stelle ein Szenarium aus Kultur, Leben und Tod der Ischitaner – von der frühen griechischen Zeit bis zur ersten christlichen Ära – erleben. Eine richtige kleine Siedlung mit Keramikbrennöfen, Werk- und Spielzeugen, Gräberfeldern (mit Bestattungsarten nach phönizischem, punischem und griechisch-römischem Brauch: in Amphoren oder mit überdachten Grab-

MARCO POLO HIGHLIGHTS

★ **Parco Negombo**
Grandiose Thermalanlage in der idyllischen Bucht von San Montano (Seite 52)

★ **Museo e Scavi archelogici
di Santa Restituta**
Eintauchen in die griechische und christliche Vergangenheit Ischias (Seite 53)

★ **Archäologisches Museum
von Pithecusa**
Von der Frühgeschichte bis zur Römerzeit (Seite 54)

★ **Terme della Regina Isabella**
In den Thermenquellen forschte Nobelpreisträgerin Marie Curie (Seite 57)

stätten). Unter der Erde führt der Besichtigungsweg unmittelbar an den freigelegten Funden vorbei. *April–Okt. Mi–Sa 9.30–12.30 u. 15–17 Uhr, So 9.30–12.30 Uhr, Nov.–März nur Sa, So 9.30–12.30 Uhr (Änderungen vorbehalten)*

SANTA MARIA DELLE GRAZIE [105 E2]

An der Uferpromenade: schlichte Barockkirche der Fischer mit einem schlanken weißen Glockenturm (beide von Kuppeln gekrönt). Rechts am Eingang eine antike *Herakles-Statue,* nicht nur mit dem üblichen Löwenfell und Knüppel ausgestattet, sondern auch noch mit dem Weihwasserbecken beladen. Die mit Barockengeln und -ornamenten umgestaltete Holzkanzel (15. Jh.) stammt vermutlich aus der alten Kathedrale von Ischia Ponte. *Anfang Corso Angelo Rizzoli*

SANTA RESTITUTA [105 E2]

Die 1883 vom Erdbeben zerstörte Barockkirche wurde nach dem Wiederaufbau am 2. Juli 1886 eingeweiht. Die Fassade stammt aus dem Jahr 1910. Der Architekt verwendete eine besondere erdbebensichere Technik bei der Errichtung der 24 korinthischen Säulen. Das Hauptaltarbild (hl. Augustinus des Neapolitaners Filippo Balbi) übertrifft an Qualität die Serie von zehn – ziemlich kitschigen – Bildern oberhalb der Seitenkapellen. Auf diesen erzählt der Maler Ferdinando Mastroianni die Legende der heiligen Restituta. Die wechselhafte Geschichte der Kirche geht zurück bis in die Anfänge des Christentums in Lacco Ameno im 4. Jh. *Piazza S. Restituta*

VILLA ARBUSTO [105 E2]

Die dekorative Villa Arbusto aus dem 18. Jh. fügt sich mit ihrer frisch weiß getünchten Farbe und der anschließenden halbkreisförmigen Pergola harmonisch in den am Abhang angelegten Garten ein. Ein kleines ischitanisches Paradies, reich an mediterraner Vegetation. Von der ☼ Pergola aus hat man einen herrlichen Blick auf den Golf. Die renovierten Säle der Villa bieten einen würdigen Rahmen für die archäologischen Schätze, die größtenteils Giorgio Buchner ausgegraben hat. Im ★ *Archäologischen Museum von Pithecusa* faszinieren die Funde aus der Vorgeschichte bis zur Römerzeit. Nicht versäumen: den *Nestorbecher* aus dem 8. Jh. v.Chr. und den *Terrakotta-Maultierkarren.* Auf der Terrasse sind die alte Natursauna *(stufa)* und die Hauskapelle mit Freskenspuren sehenswert.

In den 1950er-Jahren war die Villa der Wohnsitz des großen italienischen Verlegers Angelo Rizzoli, der aus

Lacco Ameno den edlen Kurort machte. In einem Villentrakt zeigt eine interessante Fotoausstellung die Glamourjahre Ischias mit Rizzolis Gästen – wie Richard Burton, Sofia Loren, Herbert von Karajan, Ava Gardner und vielen anderen. *Di–So 9.30–13 u. 15–18.30 Uhr (Juni– Sept. 16–19.30 Uhr), Nov.–März geschl. | Corso Angelo Rizzoli 210 | www. pithecusae.it*

Insider Tipp

■ ESSEN & TRINKEN

DELFINO   [105 E2]

Uriges Fischrestaurant direkt am Meer. Wird jeden Sommer gerne von italienischen Stammgästen aufgesucht. Köstlich schmecken die *spaghetti allo scoglio* (mit Venus- und Miesmuscheln). *Im Sommer tgl. mittags u. abends | Corso Angelo Rizzoli 106 | Tel. 081 90 02 52 | €– €€*

FRANCISCHIELLO ❀   [105 E3]

Das rustikale Verandarestaurant mit einem Kamin aus Tuffstein liegt in ländlicher Umgebung am Hügel mit Blick aufs Meer. Besonders zu empfehlen: Köchin Concettas Leibgericht *bucatini al sugo di coniglio* (dünne Makkaroni in Kaninchensauce). *Di geschl. | Via Pannella 71 | Tel. 081 99 47 85 | €*

LE PETIT CAFÈ   [105 E2]

Cocktails und südliche Stimmung bis Mitternacht an der zentralen Piazza Santa Restituta. *Corso Angelo Rizzoli 148*

IL TRIANGOLO ▶▶   [105 F2]

Der Treff schlechthin für einen guten Espresso oder den Abend-Aperitif. Den Blick auf den Fungo gibt es gratis dazu. *Via Roma*

Amphoren und mehr: Ca. 10 000 Stücke archiviert das Archäologische Museum von Pithecusa

■ EINKAUFEN ■

ANDY [105 E2]

Schuhe, von elegant bis ausgefallen, von handfest bis spitz und hoch. *Corso Angelo Rizzoli 174*

ISCHIA TESSILE DE VIVO [105 E2]

Wunderschöne gewebte und geklöppelte Bade- und Tischwäsche. *Via Roma 34–36*

empfundenen Stücken. *Corso Angelo Rizzoli 83*

■ ÜBERNACHTEN ■

ALBERGO SAN MONTANO ☀ ⋙ [105 E2] Inside Tipp

Diese vornehme Herberge schmückt die Spitze des Monte Vico. Es gibt keinen schöneren Aussichtspunkt in Lacco Ameno. Die Zimmereinrichtung erinnert an englische Schiffs-

Regina Isabella: Ischias bekannteste Therme zieht nach wie vor prominente Gäste an

RIZ [105 E2]

Elegant der Laden im Marine-Look, ebenso das Angebot für den Sportler, der sich gerne klassisch-elegant kleidet. *Corso Angelo Rizzoli 160*

IL TARLO [105 E2]

Echter alter Schmuck, aber auch eine große Auswahl von exzellent nach-

möbel. Eigene Kurabteilung, zwei große Swimmingpools auf der Terrasse, Tennisplatz, Bocciabahnen im Garten. Ansonsten steht den Gästen das gleiche Sportangebot wie im Hotel Regina Isabella zur Verfügung. *71 Zi. | Via Monte Vico 26 | Tel. 081 99 40 33 | Fax 081 98 02 42 | www.sanmontano.com | €€€*

> **www.marcopolo.de/ischia**

L'ALBERGO DELLA
REGINA ISABELLA ✂ 🌊 [105 E2]

Die vom Verleger Angelo Rizzoli Ende der 1950er-Jahre ins Leben gerufene VIP-Luxusherberge neben Ischias bekanntestem Thermalbad, den ⭐ *Terme della Regina Isabella*. Außen modern, mit Balkon- und Terrassenfront am Meer, innen nur mit Stilmöbeln eingerichtet. Der Empfangschef erinnert sich gern an prominente Gäste wie Sofia Loren und Soraya. Im Turm liegen die schönsten Suiten, insgesamt 17: ultraluxuriös ausgestattet und mit einmaligem Meerblick. An Kurmöglichkeiten, Komfort, Unterhaltung und Gastronomie wird alles nur Wünschenswerte geboten. *132 Zi. | Piazza S. Restituta 1 | Tel. 081 99 43 22 | Fax 081 90 01 90 | www.reginaisabella.it | €€€*

LA REGINELLA ✂ 🌊 [105 E2]

Ein nettes, altmodisches Hotel an der Piazza Santa Restituta. Angenehme Besonderheiten: Hallenthermalbad im Jugendstil mit tropischen Gewächsen um das Bassin; schöner, ruhiger Garten mitten im Ortskern, mit Epomeo-Blick auch von Pool und Tennisplatz aus. *90 Zi. im Hauptgebäude und in der Villa O'Pignatiello | Piazza S. Restituta | Tel. 081 99 43 00 | Fax 081 98 04 81 | www.albergolareginella.it | €€ – €€€*

SAN LORENZO ✂ 🌊 [105 D2]

Die richtige Adresse für den Familienurlaub, mit herrlichem Blick aufs Meer und den Monte Epomeo. Fünf Swimmingpools (mit Thermal- bzw. Meerwasser). Bekannter als die Thermalquelle war in früherer Zeit das Sudatorium *Stufe di San Lorenzo* in der Nähe des Hotels: ein natürliches Schwitzbad. *77 Zi. | an der SS 270 bei km 23,8 | Tel. 081 99 41 15 | Fax 081 98 77 57 | www.albergosanlorenzo.com | €€*

■ AM ABEND ■
NEGOMBO ▶▶ [105 D2]

Die beliebtesten Schlagersänger Italiens treten im August auf der Freilichtbühne des Negombo-Thermalparks an der Bucht von San Montano auf. *Infotel. 081 98 63 90 (ab Juli)*

VILLA ARBUSTO [105 E2]

Im Sommer finden hier Kammermusikkonzerte statt. *Info: Rathaus, Tel. 081 98 60 58*

■ AUSKUNFT ■

Das Reisebüro *Isolaverde Viaggi* ist für die Ischitaner ein Reisebüro, für die Inselgäste Anlaufstelle für Ausflüge, Quartiervermittlung etc. *Piazzetta Pontile 1/3 | Tel. 081 99 59 41 | Fax 081 98 03 84 | www.isolaverde viaggi.it*

■ ZIEL IN DER UMGEBUNG ■
STRADA BORBONICA

Von der Piazza Girardi am Seeufer erreicht man nach ca. 1 km über die Via Provinciale Lacco–Fango die *Bourbonenstraße*, eine Querverbindung im Landesinneren von *Maio* [106 B3] bis *Monterone* [104 C5]. Eigentlich ist das keine besonders spektakuläre Panoramastraße, aber sie gewährt Einblicke in das noch ursprünglich gebliebene Landleben. ✂ Kurz vor Monterone blickt man auf das Westufer von San Francesco bis Punta Caruso.

> MONDÄNES LEBEN UND RUHIGE WINKEL

In den 1950er-Jahren beliebt bei Literaten, Musikern und Schauspielern – heute wieder in

> Die schönste Spitze auf der Westseite Ischias ist das von Klippen umgebene Felsplateau, auf dem sich das schlohweiß gekalkte Seefahrerkirchlein Santa Maria del Soccorso erhebt. Weithin sichtbar, scheint es über dem Meer zu schweben, und vom Kirchvorplatz bietet sich ein fantastischer Rundblick auf die Häuser von Forio [104 B–C5] vor dem Hintergrund des Epomeo-Gipfels sowie die Küstengebiete gen Norden und Süden dieser mit 14 000 Ew. zweitgrößten Gemeinde Ischias.

Bild: Forio

Der Blick schweift von der zerklüfteten, bewaldeten Landzunge Zaro mit der Spitze *Punta Caruso* im Norden über die weiten Sandstrände *San Francesco* und *Chiaia,* den Hafen Forios und gen Süden zur Citara-Bucht vor der Kulisse der ins Meer aufragenden Felskuppe *Punta Imperatore.* Der Name Forio könnte aus dem italienischen *rifiorì* (blühte wieder auf), nach poetischen Gemütern sogar aus *fiore* (Blume) hergeleitet

FORIO

werden – das Blumenmotiv im Stadt-
wappen dürfte Letzteren recht geben.
Der einladende *Citara-Strand* trägt
sogar den Namen der Schönheitsgöt-
tin Venus Cytherea. Ihren Tempel
ersetzt heute die dem Meeresgott
Poseidon gewidmete, für viele die
prächtigste, mit Sicherheit aber die
größte Thermalanlage Ischias.

   Anders als Ischia, Handelszentrum
der Insel, machte sich Forio als
Kulturzentrum einen Namen. Besonders in den 1950er-Jahren war Forio
für internationale Künstler, Literaten
und Leute der Film- und Theaterwelt
mehr als ein Urlaubstipp. Ort und
Umgebung galten als eine Quelle der
Inspiration.

   Zu jener Zeit war im Herzen des
Städtchens das Café *La Maria – Bar
Internazionale* der beliebte Treff-
punkt vieler nonkonformistischer
Schriftsteller wie W. H. Auden, Ten-
nessee Williams und Truman Capote.

Literatur-Nobelpreisträger Pablo Neruda schaute öfters vorbei, und die beiden italienischen Enfants terribles, der Regisseur Pier Paolo Pasolini und der Schriftsteller Alberto Moravia, diskutierten im Schatten der duftenden Glyzinen bis tief in die Nacht. Die Bar existiert noch, doch ihr Künstlerflair ist verweht. Aber die zahlreichen Kirchen und teilweise schönen alten Häusern mit Innenhöfen und den charakteristischen Torbögen aus dunklem Peperinstein zum Bummeln ein.

Im 15. und 16. Jh. litt die Küste immer wieder unter den Überfällen arabischer Piraten, sodass man eine ganze Reihe Wehrtürme baute, *tor-*

Für Autos eigentlich nicht vorgesehen: Altstadtgasse in Forio

Glyzinen, die Ficus-Bäume und der moosbewachsene Springbrunnen auf der Piazzetta: Sie erinnern sich noch.

Zudem liegt die Bar an der zentralen Flaniermeile *Corso Umberto,* dort wo diese sich zur ▶▶ *Piazzetta Matteotti* mit weiteren Cafés und Lokalen weitet: tagsüber und abends Treffpunkt damals wie heute. Überhaupt lädt die Altstadt Forios mit ihren Geschäften, Lokalen, ihren *rioni* genannt. Einige von ihnen sind heute um- und ausgebaut, zum Beispiel steht im Ortsinnern ein *torrione,* in dem das sehenswerte Werk des lokalen Künstlers Giovanni Maltese ausgestellt ist.

Beim Spaziergang vom San-Francesco-Strand die Flanke der Zaro-Halbinsel hinauf, in deren Vegetation sich prächtige Villen verstecken, erreicht man ein 🔅 Belvedere mit dem schönsten Blick auf die Küstenlandschaft Forios. Und wer Glück hat, wird von einem sehr seltenen, sehr kurzen Naturphänomen beschenkt: dem „Grünen Strahl" beim Sonnenuntergang am Ende eines schönen Sommertags. In dem Augenblick, wenn die Sonne ins Meer taucht, leuchtet plötzlich ein grüner Schimmer am Horizont auf. Wer das erlebt – so heißt es –, blickt ins Innerste seiner Seele, so klar und unerschrocken wie nie zuvor.

■ SEHENSWERTES

CHIESA DEL PURGATORIO
(FEGEFEUER-KIRCHE)   [104 C3]

Interessant an dieser Kirche aus dem 18. Jh. ist in erster Linie eine große Fegefeuerszene über dem Portal, auf Majolikafliesen vom modernen Keramikkünstler Taki Calise dargestellt. *An der Landstraße zwischen Forio und San Francesco*

Insider Tipp LA COLOMBAIA
(„DER TAUBENSCHLAG")   [104 C1]

Hoch oben im Steineichenwald *La Guardiola* auf der zerklüfteten, wilden, vom schäumenden Meer um-

spülten Landzunge Zaro hatte der weltberühmte Regisseur Luchino Visconti (1906–76) ab 1958 sein herrschaftliches Refugium gefunden, ein schöner Spaziergang führt von San Francesco hinauf.

Die weiße Villa – halb Mittelalter, halb Liberty Style – beherbergt ein kleines *Visconti-Museum,* u.a. mit vielen Kostümskizzen aus seinen prächtigen Filmen. Doch am beeindruckendsten ist der Weitblick aufs offene Meer von den Fenstern aus und der Spaziergang zu seiner schlichten Grabstätte im Wald. Wunschgemäß ruht er hier – in ein Hortensienmeer eingebettet. Eine Filmschule ist hier entstanden, unter Leitung des Literatur-Nobelpreisträgers Dario Fo und des oscarprämierten Regisseurs Bernardo Bertolucci („Der letzte Kaiser"). *Nach Renovierung voraussichtl. wieder ab Ende 2010 geöffnet, Mitte Juni–Okt. Mo–Sa 9.30 Uhr bis Sonnenuntergang | Via F. Calise 130 | Anfahrt: 8-mal tgl. mit dem Bus „Pegaso" vom Hafen in Forio aus | www.colombaia.org | Eintritt 2 Euro (nur Park), 6 Euro (inkl. Villa)*

MARCO POLO HIGHLIGHTS

★ **La Mortella („Die Myrte")**
Aus Felsenwüste wurde ein Pflanzenparadies (Seite 62)

★ **Il Melograno**
Spitzengastronomie mit ausgefallenen Gerichten (Seite 66)

★ **Mezzatorre Resort & Spa**
Luxusherberge mit Charme im Sarazenenturm (Seite 67)

★ **Panza**
Ischias bekanntester Weinbauort besitzt bäuerlichen Charme und eine malerische Thermalquelle (Seite 70)

★ **Santa Maria del Soccorso**
Bezaubernde Wallfahrtskirche (Seite 64)

★ **Santa Maria del Monte**
Kapelle im Tufffelsen inmitten der Weinberge (Seite 71)

GIARDINO RAVINO [110 C2]

Dieser Kakteengarten der Superlative ist das Lebenswerk des ehemaligen Seemanns Giuseppe D'Ambra. Sein Prachtexemplar ist ein 50-jähriger, 8 m hoher, regelmäßig blühender Kandelaberkaktus. *Mo, Mi, Fr–So 9 bis 19 Uhr, Juli/Aug. 9–13 u. 17–21 Uhr | Via Provinciale Panza 140b | Bus CD, CS 1, 2, Haltestelle Via Bocca | Eintritt 8 Euro | Tel. 081 99 77 83 (deutsche Führung nach Voranmeldung) | www.ravino.it*

LA MORTELLA
(„DIE MYRTE") ★ ☼ [105 D2]

Einer der schönsten Gärten Italiens liegt in Forio und trägt den Namen der immergrünen Myrte: eine Sinfonie in Grün, gespielt von einem Ensemble von über 500 seltenen mediterranen und exotischen Pflanzen. „Komponiert" wurde dieser paradiesisch anmutende Garten auf 2 ha Hangfläche von Sir William Walton mithilfe des Landschaftsarchitekten Russel Page: Ende der 1940er-Jahre kam der englische Komponist mit seiner 24 Jahre jüngeren argentinischen Frau Susana nach Ischia. Ihr ebenso abwechslungsreicher wie malerischer Garten mit Teichen, Wasserläufen, Tempel und Teehaus entspricht dem Sinn des englischen Gartenideals. Walton (1902–83), der zu den bedeutendsten englischen Komponisten zählt, fand hier ebenso wie seine Frau (1926–2010) die letzte Ruhestätte. Eine Stiftung fördert junge Musiker, im Sommer finden hier anspruchsvolle Konzerte statt *(s. S. 65). Ostern–Okt. Di, Do, Sa, So 9–19 Uhr | Via F. Calise 39 | Eintritt 12 Euro | www. lamortella.it*

MUSEO CONTADINO D'ISCHIA [110 C3]

Dieses kleine Museum ist dem traditionellen Weinbau und der Weinherstellung auf der Insel gewidmet. Mit allen Werkzeugen zur Produktion des lokalen Weißweins, plus uralter Weinpresse. *Mo–Fr 9–13 u. 16–20 Uhr (Nov.–März 14–17.30 Uhr) | c/o Weinkellerei D'Ambra, bei Panza an der SS 270 zwischen Forio und Serrara-Fontana | Eintritt frei*

MUSEO MALTESE IM TORRIONE [104 B6]

Im restaurierten Wachturm (um 1480) finden Kunstausstellungen statt. Außerdem zu sehen: Skulpturen und Grafiken des Heimatdichters und Künstlers Giovanni Maltese (um 1900). *April–Okt. Di–So 9–12 u. 16–18 Uhr | Via del Torrione | Eintritt frei | www.dambravini.com*

PIAZZA DEL MUNICIPIO [104 B5]

Auf dem Weg durch die Altstadt zur Seefahrerkirche Santa Maria del Soccorso kommen Sie vorbei an der stimmungsvollen Piazza del Municipio. Abends wird es hier still, und die Laternen beleuchten andächtig die barocken Fassaden der alten Rathauses, der Kirche *San Francesco d'Assisi* und der Kirche *Santa Maria di Visitapoveri*. Das *Rathaus* war einst ein Franziskanerkonvent, im Innenhof sieht man noch den Kreuzgang. Die dazugehörige San-Franziskus-Kirche ist mit weißem Stuckwerk dekoriert und beherbergt Werke von Malern der neapolitanischen Schule *(nur zur Sonntagsmesse geöffnet)*. Daneben betritt man durch eine anmutige Torfasade den Vorhof der Kirche hl. Maria der Erzbruderschaft der Armenbesucher *(Sonntagnach-*

mittag geöffnet), alljährlich am Ostersonntag Ausgangspunkt des großen Festes *Corsa dell'Angelo.*

PUNTA IMPERATORE
MIT LEUCHTTURM  [110 A4]

Wenige Hundert Meter südlich des Ortsteils Cuotto (Abzweig von der SS 270 bei der *Casa Verde*) führt der Weg hinauf zum Felsenvorsprung, auf dem der Leuchtturm am westlichsten Punkt Ischias steht. Atemberaubend der Ausblick aus 150 m Höhe auf Forio, Klippen und Meer.

SAN CARLO AL CIERCO [104 C5]

Die Besonderheit an dieser 1620 erbauten Kirche: Ihre Originalstruktur blieb ohne jede Änderung erhalten. Einheimische Handwerker haben allen Zierat in minutiöser Kleinarbeit aus dem reichlich vorhandenen grünen Tuffstein gemeißelt. Im Inneren befindet sich ein Gemäldezyklus des örtlichen Barockmalers Cesare Calise. *Im Ortsteil Cierco bei Monterone*

SAN GAETANO [104 B5]

Die Besucher von Forios Ortskern begrüßt schon von weit her die formschöne Kuppel der um 1650 von Seeleuten und Fischern erbauten Kirche. Die an ihrer Südseite angebrachte Sonnenuhr zeigt sogar die richtige Zeit an. *Piazza Medaglia d'Oro*

SAN VITO [104 B5]

Im alten Ortsteil San Vito wurde schon frühzeitig die dem Schutzpatron Forios geweihte Kirche errichtet (umgebaut im 16. und 18. Jh.). Zwei Glockentürme umrahmen die ruhige Barockfassade. Auch hier sind die ischitanischen Maler Cesare Calise

Hier wurde der Traum von einem Garten wahrhaftig zum Traumgarten: La Mortella

und Alfonso Di Spigna mit mehreren Bildern vertreten. Ein Prachtstück ist die Silberstatue des hl. Vito, ein Werk Giuseppe Sammartinos (18. Jh.).

SANTA MARIA DEL SOCCORSO ★ ☆ [104 A5]

Die heutige Form der zauberhaften Wallfahrtskirche datiert aus dem Jahr

führen. Heiligenbilder und bunte Dekorationen aus Majolikafliesen an den Stufen (18. Jh.) – stellenweise brutal beschädigt – gehören dazu. Am oberen Sims der Pfeiler stehen einige Segelschiffmodelle: Sie erinnern als Votivgaben der Fischer an Rettung aus Seenot, denn ihre Kirche ist ja der „rettenden" Jungfrau Maria geweiht.

Santa Maria del Soccorso: Wallfahrtskirche mit wunderbarer Aussicht

1791 (1864 renoviert). In ihr verschmelzen Elemente des byzantinischen, maurischen und süditalienischen Stils in einnehmender Einfachheit. Selten kommt es vor, dass Asymmetrie einen so harmonischen Eindruck erweckt wie hier. Dazu trägt auch der Kontrast der schneeweißen Fassade zum dunkelgrauen Peperinstein bei, dem Baumaterial für die Türeinfassung und die Freitreppen, die zum Vorplatz und zum Eingang

SANTA MARIA DI LORETO [104 B5]

Die von zwei Glockentürmen eingerahmte Barockfassade der pompejanisch-rot gefärbten Basilika stimmt schon auf ihr prunkhaftes Inneres ein. Dreischiffig ist der überwältigende Raum, die Kassettendecke mit Gold reich verziert. Die Marmordekoration ist farbenprächtig, wie es neapolitanischer Art entspricht. Schwarz-weiß kariert hingegen ist der Fußboden aus ligurischem Marmor. Zu den Kunstwerken gehören Tafelgemälde des Forianers Cesare Calise. Ein Außenmosaik des Hamburger Malers Eduard Bargheer (1901–79), eines Ehrenbürgers von Forio, sticht geradezu ins Auge. In ihrer heutigen Gestalt stammt die Kirche aus dem 18. Jh., gegründet wurde sie im 14. Jh., umgebaut im 16. Jh. Betritt man durch eine Seitentür das einschiffige *Oratorio dell'Assunta*, faszinieren unter dem Tonnengewölbe (1585) das weiße Stuckwerk und die bemalte Orgelempore (17. Jh.). *Corso Umberto I*

Insider Tipp WALTON-MUSEUM ☙ [104 C2]

1985 rief Lady Susana Walton unter der Schirmherrschaft von Prinz Charles von England die William-Walton-Stiftung ins Leben und öffnete das Anwesen *La Mortella* für talentierte junge Musiker- und Komponisten-Stipendiaten. Am 15. September 1991 weihte Prinz Charles das an die Villa anschließende hübsche Museum samt Konzertsaal ein. Alles erinnert an Leben und Werk des Komponisten: Büsten und Porträts, Fotos von Walton und seiner Frau Susana, Partituren, Pfeife und sein beim Komponieren benutztes Bechstein-Klavier. *Ostern–Okt. Di, Do, Sa, So 9–19 Uhr | La Mortella | Via F. Calise 39 | Eintritt 12 Euro*

■ ESSEN & TRINKEN ■

L'ARCA ☙ [111 E3]

Wie ein Bootsbauch geformtes Terrassenrestaurant, auf einen Tufffelsen gebaut. Schöner Blick über Panza und Forio hinweg aufs Meer. Solide Hausmannskost. *Tgl. | Ciglio | Via Ciglio 144 | Tel. 081 90 42 26 | €€*

LA BUSSOLA ☙ [104 B5] **Insider Tipp**

Am Hafen gelegen bietet das „Kompass" benannte Restaurant eine ausgezeichnete Inselküche zu fairen Preisen. Hier pflegte Marion Gräfin Dönhoff inkognito zu speisen. Die Pizza schmeckt ebenso gut wie die gegrillten Meeresspezialitäten. *Tgl. | Via Marina 36 | Tel. 081 99 76 45 | €–€€*

IL CACCIATORE ☙ [111 D4]

Große offene Terrasse am Hügel mit weitem Blick auf das Meer in ländlichem Ambiente. Die *linguine* (Bandnudeln) mit Scampi sind ein Genuss. *Mo geschl. | Panza (oberhalb vom „Da Leopoldo") | Via S. Gennaro | Tel. 081 90 70 36 | €–€€*

>LOW BUDGET

DA LEOPOLDO [111 D4]

Ein uriges Abendlokal wie im Märchen, in der dritten Generation der Betreiberfamilie. Man sitzt in der Gartenlaube. Geschickt eingesetzte sogar Gourmets in Staunen versetzen. Firstclass-Qualität, die den Preis rechtfertigt. *Mo, Di geschl. | Via G. Mazzella 110 | Tel. 081 99 84 50 | €€– €€€*

Verlockt zum Hineinspringen: der Pool in der Hotelanlage La Bagattella

Flohmarkt-Ausbeute trägt zur Stimmung bei: Die Tischplatten liegen auf Nähmaschinengestellen, die Rückenlehnen sind aus den Enden von Metallbetten gemacht. *April–Okt. tgl., sonst Mo geschl. | Panza | Via Scannella 30 | Tel. 081 90 70 86 | €*

IL MELOGRANO ⭐ [110 C3]

Eingebettet in einen Olivengarten unweit des Citara-Strandes findet sich diese versteckte kulinarische Spitzenadresse: Köchin Libera lässt ihrer Fantasie freien Lauf und kreiert täglich neue, ausgefallene Gerichte, die

DA PEPPINA DI RENATO ☀ [111 D2] Inside Tipp

Ein traumhaftes Ausflugslokal in den Weinbergen mit Weitblick von der lauschigen Terrasse über die Landschaft und das Meer. Im hochromantischen Ambiente aus Bauerntrödel und Kristallgläsern serviert das charmante Wirtspaar Sebastiano und Rita gut gewürzte ischitanische Landküche. *Nur abends, Mi geschl. | Via Montecorvo 42 | Tel. 081 99 83 12 | €*

STRAMBATA [104 B5]

Hier stehen die Einheimischen im Sommer Schlange, um eine saftige

Pizza oder ein getoastetes *bruschettone* (mit frischen Fleischtomaten) draußen auf der Piazzetta zu genießen. *Tgl. | Piazza Balsofiore | Tel. 081 99 82 50 | €*

■ EINKAUFEN ■

LE CANTINE DI PIETRATORCIA [110 C3]

Insider Tipp

Auf dem Weg nach Panza, in Höhe der Abzweigung zur Punta Imperatore, gelangt man zu dieser Weinkellerei in wunderschön restaurierten alten Tuffsteingemäuern. Hier können Sie gute Inselweine verkosten und kaufen und unter einer Laube kleine Imbisse zu sich nehmen. Die Betreiber sind eine Gruppe junger Winzer, die sich für die Wiederaufnahme und Verfeinerung der Ischitaner Winzertradition engagieren. *Mitte Juni–Mitte Sept. tgl. ab 17.30 Uhr, April–Mitte Juni u. Mitte Sept.–Mitte Nov. 10–13 u. 16–20 Uhr | Panza | Via Provinciale 267 | Tel. 081 90 72 77 | www.pietratorcia.it*

CERAMICHE LA MADONNELLA [104 B5]

Insider Tipp

Costantino ist 1990 aus Sant'Angelo hierher gezogen. Seine Keramikspezialität: besonders farbige Blumenmotive auf Tellern und zauberhaften Tischplatten. *Via M. Verde 32 | www.lamadonella.it*

LA CONCHIGLIA [104 B5]

Direkt im Zentrum von Forio gelegen, bietet dieses geräumige Keramikgeschäft ein breites Angebot an Keramiken, lokalen Schmuckkreationen sowie Souvenirartikel an. Und so manche Information auf Deutsch: Die Ladenbesitzerin, Signora Heidi, ist eine gebürtige Deutsche. *Via E. Di Lustro 17*

GALLERIA DEL MONTE [104 C3–4]

Wer sich für zeitgenössische Kunst *(arte contemporanea)* interessiert, findet sie in dieser Galerie im Ortsteil Lo Scentone. *Via Statale Forio-Lacco 76 | www.galleriadelmonte.it*

■ ÜBERNACHTEN ■

LA BAGATTELLA ⌇ [104 C2]

Rosa-weiße Villa, in hübschem maurischem Stil gebaut, mit nostalgischem Touch. Im Garten gibt es einen Swimmingpool und einzelne Apartmentwohnungen. Nahe dem San-Francesco-Strand, doch ohne Meeresblick. *52 Zi. | Via Cigliano | Tel. 081 98 60 72 | Fax 081 98 96 37 | www.labagattella.it | €€*

DI LUSTRO [104 B5]

Die älteste Ferienpension im Ortskern von Forio. Truman Capote wählte im Sommer 1949 Zimmer 3. Seitdem unverändert ist der Bohème-Charakter. Nach wie vor im Besitz derselben Familie. *9 Zi. | Via Filippo di Lustro 9 | Tel./Fax 081 99 71 63 | €*

MEZZATORRE RESORT & SPA ★ ⌇⌇ ⌇ [105 D1]

Diese Luxusherberge mit Schick und Charme in einem einstigen Wachturm liegt isoliert auf einem Felsvorsprung am Meer. Die richtige Erholungsstätte für anspruchsvolle Gäste. Beste Sport-, Kur- und Beautyangebote. *57 Zi. | Via Mezzatorre 23 | Tel. 081 98 61 11 | Fax 081 98 60 15 | www.mezzatorre.it | €€€*

PARADISO TERME ⌇⌇ ⌇ [110 C1]

Modernes Hotel am Hügel mit architektonischem Pfiff. Zur großzügigen Anlage (3 ha Gelände) gehören 22

Zwei-, Drei- und Vierbett-Apartments mit eigenem Eingang aus dem gepflegten Garten. Thermalabteilung mit Swimmingpools (zwei davon im Freien). Gute Küche. Die Anlage ist ideal für den Familienurlaub mit Kindern. Sie befindet sich im ländlichen Ortsteil Cuotto, mit Zubringer zum nahen Citara-Strand. *72 Zi. | Via S. Giuseppe 10 | Tel. 081 90 70 14 | Fax 081 90 79 13 | www.hotelparadi soterme.it | €€*

LA SCOGLIERA   [104 C3]
Ein geschmackvolles Hotel in mediterranem Stil mit Swimmingpool, und der San-Francesco-Strand liegt gleich vor der Tür. *50 Zi. | Via Aiemita 27 | Tel. 081 98 76 51 | Fax 081 98 71 97 | www.hotellascogliera.it | €–€€*

UMBERTO A MARE   [104 A5]
Elf traumhaft gelegene, ins Felsplateau unterhalb der Kirche Santa Maria del Soccorso geschlagene Zimmer. Im dazugehörigen Restaurant, steil über dem Meer, speist man (recht teuer) Fisch. *Via Soccorso 2 | Tel. 081 99 71 71 | Fax 081 99 72 58 | www.umbertoamare.it | €–€€*

VILLA BIANCA 🔊   [110 C3]
Hübsches kleines Hotel direkt oberhalb des Citara-Strandes. Zwei kleine Pools mit Thermalwasser, Sauna, ⚜ Fitnessstudio mit Blick aufs Meer. *32 Zi. | Via G. Mazzella 126 | Tel. 081 90 71 56 | Fax 081 90 93 46 | www.hotelvillabianca.com | €–€€*

■ STRÄNDE ■
NÖRDLICH VON FORIO
Ganz besonders kinderfreundlich ist *Spiaggia di San Francesco* [104 C3].

Der 1 km lange Sandstrand erstreckt sich südlich von Punta Caruso bis zum weniger feinen, unruhigeren, aber ebenso sauberen *Chiaia-Strand* [104 C4]. Liegestühle und Sonnenschirme gibt es bei den sechs kleinen Badeanstalten, auch Bewirtung ist dort zu finden.

SÜDLICH VON FORIO
Schöner und gepflegter Sandstrand: Die 2 km lange, feinsandige *Spiaggia di Citara* [110 B3] breitet sich unterhalb der Poseidongärten aus. An den *Citara-Strand* schließt sich nördlich der *Cava-dell'Isola-Strand* an, der besonders bei jungen Leuten beliebt ist.

Inside Tipp

■ AM ABEND ■
Vom Hafen bis zur Punta del Soccorso gibt es die meisten Restaurants und Bars.

VILLA LA MORTELLA   [105 D2]
Die Walton-Stiftung veranstaltet in dem Museum, das dem Andenken des englischen Komponisten gewidmet ist, jeden *Donnerstag- oder Samstag-* sowie *Sonntagabend um 17 Uhr* Kammermusikkonzerte mit Künstlern der Konservatorien von Neapel und Fiesole. *April–Juni, Sept., Okt. | La Mortella | Via F. Calise 39 | Tel. 081 98 62 20 | www.lamortella.it | Eintritt 12 Euro*

Inside Tipp

ZI CARMELA ▶▶   [104 B5]
Restaurant, Pianobar, Disco, Entertainment – bei Zi Carmela ist immer viel los, beliebt bei reiferem Publikum. *Mo, Di geschl. | Via Monsignore Filippo Schioppa 27 | Tel. 081 99 84 23 | €€–€€€*

■ AUSKUNFT ■

AGENZIA VIAGGI DI LEVA

Piazza Medaglie d'Oro 11 | Tel. 081 99 70 02 | Fax 08 18 92 59 | ischi aresort@libero.it

■ ZIELE IN DER UMGEBUNG ■

CUOTTO UND CIGLIO

Es lohnt sich, von Forio aus die Landstraße SS 270 südwärts zu nehmen. Sie führt vorerst am Westhang des Epomeo entlang, dessen wilde Naturschönheit besonders dann zur Geltung kommt, wenn die Sonne im Westen steht. Die Gegend wirkt sehr ländlich, sie ist größtenteils dem Weinbau gewidmet.

Die erste Station ist nach etwa 1,5 km das verträumte Dörfchen *Cuotto* [110 C2-3]. Es liegt genau oberhalb der Poseidongärten. Der ❀ Dorfplatz bietet sich als Belvedere an, mit Panoramablick von Punta Imperatore bis Forio. Der Vulkanboden gab dem Dorf seinen Namen: *cuotto* heißt „verbrannte Erde". In Weingärten versteckte Restaurants gewähren von ihren Terrassen eine schöne Sicht aufs Meer. Unweit von Cuotto zweigt rechter Hand der Weg zum ❀ Leuchtturm auf der Punta Imperatore ab. Man folgt aber der Straße weiter nach Osten, und zwar ca. 3,5 km in Richtung *Ciglio* [111 E3-4].

Vor dem nächsten Abzweig bei Battaglia (er führt südwärts nach Panza) kann man einen kurzen Halt bei der links liegenden Villa *Piromallo di Montebello* machen. Als roter Farbtupfer lugt der zinnengekrönte Turm des herrschaftlichen Hauses aus dem Grün des ausgedehnten Weingutes. Man kann einen diskreten

Villa La Mortella: Museum und Konzertforum in Erinnerung an William Walton

Blick in die Hauskapelle werfen und die von Bougainvilleen bewachsene Fassade aus der Nähe bewundern (ein kurzer Fußweg führt dorthin).

Mit scharfem Auge erspähen Sie von der Straße her schon einige der in Tuffsteinblöcke gehauenen uralten Behausungen am Epomeo-Hang, ob-

Ischias Südküste hinunter oder in Nordrichtung hinauf zur eindrucksvollen Felsenspitze, *Pietra Martone* genannt, so begreift man, warum das dazwischenliegende Dörfchen einen so zutreffenden Namen erhalten hat.

Von Ciglio kann man der SS 270 weiter in Richtung Serrara-Fontana

Panza: Der wichtigste Weinort Ischias besitzt auch heute noch bäuerlichen Charme

wohl sie sich mimikryhaft in die Landschaft einfügen. Wenn Sie aber das 3,5 km von Forio entfernte Winzerdorf Ciglio erreicht haben, springt Ihnen ein beachtlicher, in den Tuffblock gehauener ✱ „Höhlenmenschen"-Wohnsitz in die Augen (auf dem kühnen Felsvorsprung gegenüber dem Haus mit der Nr. 41). Schaut man über den steilen Abhang – besät mit dicken Felsbrocken, die vom Epomeo herabgestürzt sind – zu

folgen oder die parallele Landstraße nehmen.

PANZA ★ [111 D4]

Nirgendwo auf Ischia sind die Traditionen des bäuerlichen Lebens so tief verwurzelt wie in der Gegend von Panza. Berühmt war der Ort schon immer für die Wachteljagd und für den besten Wein auf Ischia. Aus dem Ortsnamen „Panza" könnte man auch auf die ausgeprägten gastronomischen Neigungen der Bevölkerung schließen, denn im örtlichen Dialekt heißt Bauch *pancia*.

Die schönste Sehenswürdigkeit Panzas ist die ☀ *Sorceto-* oder *Sorgeto-Quelle,* bzw. deren malerische Lage in der Felsenbucht von Chiarito. Der Blick von oben verschlägt den Atem, wenn man über den schwindelerregenden Steilabhang aufs Meer hinabschaut. Das warme Heilwasser sprudelt in Ufernähe unter dem Meeresspiegel hervor. Wer darin baden will, muss eine beachtliche Treppenflucht hinuntersteigen – ganz zu schweigen vom Aufstieg danach! In die winzige steinige Bucht quetscht sich auch das Lokal *La Sorgente* mit Liegestuhlverleih.

Hoch oben krönt die Felsspitze Punta Chiarito das versteckte kleine

☀ Hotel *Punta Chiarito* mit absolutem Traumblick, 24 Zimmern (10 davon mit Kochecke), Restaurant, Swimming- und Thermalpool: ideal für Verliebte und Romantiker. *Tel. 081 90 81 02 | Fax 081 90 92 77 | www.puntachiarito.it | €€*

SANTA MARIA
DEL MONTE ☀ ⭐   [105 E6]

Auf den Epomeo-Gipfel (787 m) kann man auch von Forio aus hinaufklettern, doch ist der Weg aus Fontana wesentlich kürzer. Die Ausflugsstrecke ab Forio in Richtung Epomeo endet bei der Einsiedelei Santa Maria del Monte (409 m). Die 2 km lange Wanderung dauert etwa anderthalb Stunden. Sie führt zum höchstgelegenen Weinbaugebiet am steilen westlichen Epomeo-Hang hinauf, durch karges, felsiges Gelände, das seinen besonderen, rauen Charme hat und

herrliche Weitblicke zum Meer hin, in Richtung Forio, gewährt.

Man startet (mit festem Schuhwerk) über die *Via Pellero* südwärts bergauf, biegt nach der Tankstelle links ab, beachtet das Schild „Ristorante Bellavista". Bei einer Tischlerwerkstatt *(falegnameria)* folgt wieder eine Linkskurve, dann geht es zwischen Weingärten weiter bis zum Ristorante *Valle Verde.* Danach kommt ein Linksabzweig (nicht verpassen!). Linker Hand, am Abhang, eine imposante Tuffsteinpyramide, die mittendurch in zwei Teile gespalten ist. Der Pfad führt jetzt gen Norden. ☀ Links hat man den Panoramablick auf die Küste, von Punta Imperatore bis San Francesco, am Wegrand steht eine weiße Christusgestalt.

Danach wird der steinige Lehmpfad immer unbequemer. Am Berghang liegen einzelne Bauernhäuser und Weinterrassen. Diesem steilen Weg folgt man nun bis zum Tuffsteinhaus Nr. 20, von dort schweift der Blick den Epomeo-Hang entlang bis zur hellen Visconti-Villa hinter Punta Caruso. Unter einem Bogen klettert man dann hinauf nach rechts, zwischen *Casetta Carmelina* (Nr. 18) und *Grotta Mauro* (ein mit Majoliken verziertes, in den Tufffelsen hineingebautes Haus), in Richtung der weiß getünchten Kirchkuppel von *Santa Maria del Monte,* die schon zum Greifen nahe ist. Das schlichte Kirchlein selbst ist eine Tuffsteinrotunde. Der Weg führt weiter oben um die Kuppel herum und dann treppabwärts zu der einerseits malerischen, andererseits primitiv anmutenden kleinen

Weinbauernsiedlung.

> FERIEN IM FELSENNEST

Vom Fischerdorf zum Ferienparadies – ohne jedes Motorengeknatter

> Egal, ob Sie aus Richtung Panza oder Serrara mit dem Wagen die steile Straße hinunterkurven: Das Auto muss am Ortseingang auf dem Parkplatz abgestellt werden – vorausgesetzt, es findet sich eine Lücke. Sant'Angelo [112 A–B 5–6] ist eine wahre Ruheoase ohne Motorengeräusche.

In wenigen Jahren hat sich das bescheidene Fischerdorf zu einem hochwertigen Ferienort gemausert, ohne dabei seinen ursprünglichen Charme zu verlieren. Kleine Häuser mit ihren bogenförmigen Fensternischen, Erkern, Terrassen, stufenweise übereinander an den Felsabhang gebaut, ineinander verschachtelt, als wären es Bauklötze in einem Kinderzimmer.

Sant'Angelo gehört verwaltungsmäßig eigentlich zu Serrara-Fontana, einige seiner Ausflugsziele liegen sogar bei Barano d'Ischia. Wir möchten aber nicht bürokratisch vorgehen, sondern Sant'Angelo – nicht ohne

Bild: Spiaggia dei Maronti

SANT' ANGELO

Grund – als ein „Muss" in den Mittelpunkt des Interesses rücken. Nirgendwo auf Ischia gibt es so stark radonhaltige Heilwässer und Heildämpfe wie hier. Man genießt sie in den schönen Thermalgärten *Aphrodite-Apollon* und *Tropical,* Fumarolen dampfen aus dem Sand des *Maronti-Strandes,* und in wildromantischen Schluchten verstecken sich uralte Thermalbäder wie *Cava Scura* und *Nitrodi.* Für Taucher ist diese Ecke

hier ein Paradies unter Wasser, dank der Grotten, der schwarzen Korallen, der weiten Seegrasfelder.

■ SEHENSWERTES ■

SAN MICHELE ★ ☼ [112 A5]

An der Via San Angelo, einem Weg mit hübschen Villen und entzückendem Panorama, steht am Hang neben dem Hotel San Michele die gleichnamige Kirche. Sie hat einen besonderen Charme mit ihrer hellen, fast klassischen Barockfassade, dem byzantinisch anmutenden Glockenturm und dem schlichten Innenraum.

TORRE SAN ANGELO ☀ [112 A6]

Vom Wachturm aus der Zeit der spanischen Herrschaft und von der Kaserne der französischen Besatzung unter Joachim Murat ist nur noch eine

oder im Freien genießt man an Holztischen *rigatoni alla bracconiera (geriffelte Nudeln mit Tomaten-Pilz-Mozzarella-Sauce)* sowie den Blick aufs Meer und auf Panza. *Serrara-Fontana | Via Falanga | Ri. Bocca di Serra | Tel. 081 99 94 36 | € | vor dem Ortseingang von Serrara erster Abzweig von der SS 270 bergauf, vorbei*

Wie auf die Felsen gegossen liegt Sant'Angelo über dem Meer

Ruine übrig geblieben, seit die englische Flotte von Admiral Horatio Nelson im August 1808 mit einer gut gezielten Kanonade das im Turm untergebrachte Pulvermagazin in die Luft jagte. *Zugang nicht möglich*

■ ESSEN & TRINKEN ■

Insider Tipp
IL BRACCONIERE ☀ [111 F4]

Urige Trattoria im Jagdhüttenstil in den Bergen. Unter dem Reetdach

am Friedhof. Beim roten Briefkasten (Nr. 47) rechts einbiegen, dann weiter bergauf

MAMMA MIA ☀ [112 A5]

Täglich frische Fische bei Monica, einer Österreicherin, und ihrem Sohn Michele. Deutsche Gäste mögen die preiswerte Hausmannskost hier. Von der Terrasse schöner Blick aufs Meer. *Via S. Angelo 62 | Tel. 081 99 92 73 | €*

> www.marcopolo.de/ischia

DA NICOLA LE FUMAROLE [112 C5]

Hier zergehen die Bandnudeln mit Hummerstückchen fast auf der Zunge. Frischer geht's nicht mehr. *Ostern bis Okt., nur mittags | am Maronti-Strand „Le Fumarole" | Tel. 081 99 97 80 | €€–€€€*

DAL PESCATORE [112 A6]

In dem modernen Lokal am Hafen gibt es überbackenen Mozzarella für den kleinen Hunger, aber auch Pizza, Fischsuppe und Risotto mit Meeresfrüchten. Deutsche Gäste sitzen hier besonders gern bei Kaffee und erstklassigem Kuchen. *Piazza Ottorino Troia 9 | Tel. 081 99 92 06 | €*

■ EINKAUFEN

GIUSSANI IDA [112 A6]

Ausgeflippte, trendige Mode – vorwiegend für jüngere Leute. *Via S. Angelo 77*

IL PELLICANO [112 A5]

Ein Laden mit besonders flotter, eleganter Mode made in Italy, der zeigt, zu was für einem Pflaster sich Sant'Angelo entwickelt hat. *Piazza Ottorino Troia 4*

■ ÜBERNACHTEN

CASA MARIA [113 D5]

Bed & Breakfast – das Frühstück wird im 50 m entfernten *Strandbad Di Iorio.* serviert. 50er-Jahre-Charme (gegr. 1959): einfache Zimmer in Strandnähe, leckere Inselkost direkt am Sandstrand. *6 Zi. | Via A. Migliaccio 84 (Maronti-Strand) | Tel. 081 90 52 03 | €*

CASA SOFIA 🔊 [112 A5]

Eine charmante, kleine Ferienpension mit Meeresblick, mediterran-hell und geschmackvoll eingerichtet, zentral gelegen. *11 Zi. | Via Sant'Angelo 29 | Tel. 081 99 93 10 | www.hotelcasasofia.com | €–€€*

PARCO SMERALDO TERME ☼🔊 [112 C5]

Einziges 4-Sterne-Hotel am Maronti-Strand. Swimmingpool im Freien, Thermaleinrichtungen. Obere Mittelklasse. 65 Zimmer und in einer nahen Dependance acht geschmackvolle Ferienwohnungen. *Barano | Via Maronti 42 | Tel. 081 99 01 27 | Fax 081 90 50 22 | www.hotelparcosmeraldo.com | €€–€€€*

MARCO POLO HIGHLIGHTS

⭐ **Maronti-Strand**
Die Spiaggia dei Maronti ist der längste Sandstreifen auf Ischia: mit „Fumarolenheizung", sodass man sogar im Oktober noch baden kann (Seite 76)

⭐ **Nitrodi-Quelle**
Aus dem Jungbrunnen trinken und im „Grottenkäfig" duschen: eine ganz besondere Schönheitskur (Seite 77)

⭐ **Cava Scura**
In einer Tuffsteinwand kuren – wie die alten Römer (Seite 78)

⭐ **Epomeo**
Am leichtesten ist der Aufstieg von Fontana aus (Seite 78)

⭐ **San Michele**
Kirchlein am Weg zum Paradies (Seite 73)

PARKHOTEL MIRAMARE [112 A6]

Renoviertes Haus über dem Meer mit vielen berühmten, auch deutschen Stammgästen. Herrlicher Blick Richtung Maronti-Strand. Elegantes Restaurant, Salonbar mit schönem Majolikafußboden und gemütlichen Sitznischen. Hübsche Zimmer, direkter Zugang zum Privatstrand, Tennisplatz. *54 Zi. | Via Comandante Maddalena 29 | Tel. 081 99 92 19 | Fax 081 99 93 25 | www.hotelmiramare.it | €€€*

SAN MICHELE [112 A5]

Ruhige, distinguierte Herberge neben der Kirche. 13 Zimmer mit Blick auf den Maronti-Strand. Großer Pool, Thermaleinrichtungen. *50 Zi. | Via Sant'Angelo 60 | Tel. 081 99 92 76 | Fax 081 99 91 49 | www.hotelterme sanmichele.it | €€*

■ STRÄNDE

MARONTI-STRAND ★ [112–113 C–D5]

Der breiteste Sandstrand der Insel ist auch der längste. Vor einigen Jahren wurde er um Tonnen feinsten Sands verlängert. Für viele Gäste ist er nun der schönste, allein schon der Lage und des Blicks auf die Halbinsel von Sant'Angelo wegen. Eine ganze Reihe Strandrestaurants lädt ein, die Bushaltestelle ist nicht weit. Von Sant'Angelo erreicht man den Strand entweder ziemlich umständlich zu Fuß oder mit dem Taxiboot (3–6 Euro). An manchen Stellen ist der Sand so aufgewärmt, dass man ihn nur in Schuhen betreten kann. Thailändische und chinesische Shiatsu-Masseure laufen den Strand entlang und bieten ihre Expertendienste an (ab 20 Euro die Ganzkörpermassage).

STRAND DES APHRODITE-APOLLON-THERMALPARKS [112 B5]

Die Gäste dieser alteingesessenen, charmanten Thermalanlage können am kleinen Privatstrand in Fumarolennähe wohltuende warme Sandbäder nehmen.

■ AM ABEND

In den wenigen Cafés und Cocktailbars am Hafen und an der Piazzetta sitzen Sie wunderschön – bis in den Abend hinein.

Im Restaurant *Il Nettuno,* einem gemütlichen Lokal am Ortseingang mit typisch italienischem Flair, spielt ein Gitarrist jeden Abend live neapolitanische Musik. *Via Chiaia delle Rose 11 | Tel. 081 99 97 02 | €–€€*

■ ZIELE IN DER UMGEBUNG ■

BARANO D'ISCHIA UND BUONOPANE

Dank der Staatsstraße 270 ist *Barano* [113 D–E 3–4], Gemeindezentrum der umliegenden Dörfer, aus allen Himmelsrichtungen günstig zu erreichen (von Sant'Angelo ca. 5 km, vom Maronti-Strand ca. 2 km). Es liegt etwa 200 m über dem Meer und hat ein gut „durchlüftetes", angenehmes Klima. Die *Piazza San Rocco* ist Mittelpunkt des Treibens. Geballt findet man dort alles, was Barano zu bieten hat. Vom Parkplatz sind es nur zwei Schritte zur *Aussichtsterrasse:* Davor liegen die Hügel bei Testaccio, darunter schimmert das Meer am Maronti-Strand. Hinter Ihnen liegt die Apsis von *San Sebastiano,* der Pfarrkirche des Schutzpatrons. Am oberen Ende schließt eine ebenfalls barocke Fassade die Piazza ab, die von *San Rocco.* Auf der schattigen Caféterrasse der Bar *Ferrari*

Insider Tipp

schmeckt das Eis mit warmem *cornetto* (Hörnchen).

Man braucht nur knapp einen Kilometer zurückzulegen, um ein ganz anderes Szenario an der Ortsgrenze von *Buonopane* [112–113 C–D3] zu erleben. Vor der Straßenbrücke Ponte di Buonopane führt nach der Hausnummer 61 scharf links ein asphaltierter Weg zum Nitrodi-Parkplatz hinunter. Folgen Sie dann zu Fuß dem Hinweisschild „Taverna La Cantina". Einige Stufen führen hinunter zum grobsteinigen Pfad in der Schlucht der ★ *Nitrodi-Quelle*. Man folgt der typischen frei liegenden Rohrleitung, in der das Heilwasser in dieser Gegend „frei Haus" geliefert wird, und bald hört man das Wasser plätschern. Einst standen in dieser wildromantischen Talmulde ein Eros-Altar und ein Apollo-Tempel. Ihre Reste sind im Nationalmuseum von Neapel aufbewahrt: Die Votivreliefs stellen die graziösen Nitrodi-Nymphen dar, wie sie tanzen, ins Wasser tauchen und in Muscheln das Heilgetränk verteilen.

Ein kleines *Badehaus* mit Liegestühlen und Sonnenterrasse sammelt die kostbare Flüssigkeit (25 Grad) ein und leitet sie in Massageduschen um *(9–19 Uhr | 10 Euro)*. Handtuch mitnehmen! Das Wasser soll Wunder wirken und hat schon verschiedene Hautallergien geheilt.

Mit schönem Blick in eine unberührte Schlucht voll üppiger Vegetation und bis hinunter nach Sant'-Angelo lädt eine urige *Terrassenkneipe* an langen Holztischen zu einer köstlichen *bruschetta* ein. Zum Mitnehmen angeboten werden die aufgestellten Tiegel (20 Euro), die mit

Im Hafen von Sant'Angelo ist immer was los, nicht nur dort, wo die Wassertaxis ablegen

Nitrodi-Tonerde gefüllt sind: „für die Gesichtspflege empfohlen".

CAVA SCURA ⭐ [112 C4–5]

Die dunkle Schlucht Cava Scura erreicht das Meer am westlichen Ende des Maronti-Strandes. Man kommt von dort aus kaum trockenen Fußes vor der Felswand durch, denn das Meer hat die Oberhand über den Sand gewonnen. Wer es bequem haben will, steigt im Hafen von Sant'Angelo in ein Taxiboot ein. Sehr schön ist jedoch auch der etwa 45-minütige Landweg (mit solidem Schuhwerk!). Von den Aphrodite-Gärten folgt man ostwärts dem ausreichend gepflasterten Weg, vorbei an der *Casa Rosa* (linker Hand) mit ihren renovierten Sitzbädern und an der *Villa Libica* (rechter Hand). Es geht ☼ bergauf, bergab, aus dem Weg wird ein Lehmpfad, schließlich erreicht man den Tunneleingang (oberhalb des Hotels Vittorio), der in die Schlucht mündet.

Plötzlich befindet man sich in der Unterwelt, zwischen beiderseits steil hochragenden Tufffelsen. Wer in der Talsohle weitermarschiert, kommt zu einem kleinen Thermalteich mit *Badeanstalt.* Die eigentliche Kuriosität erreicht man noch weiter schluchtaufwärts. Hoch oben in die poröse Tuffsteinwand gemeißelt: eine Doppelreihe von individuellen *Wannennischen,* in die das heiße Heilwasser (86 Grad) geleitet wurde. Sie stammen nicht aus der Römerzeit, wie oftmals behauptet wird, wurden aber von den Bauern über Jahrhunderte benutzt.

MADONNA DI MONTEVERGINE [114 B3]

Von Barano aus kann man die kleine Wallfahrtskirche des Dörfchens *Schiappone* (196 m) am bequemsten erreichen, wenn man bis *Molara* die SS 270 nimmt. Biegen Sie dort, wo man das Restaurantschild „La Campagnola" wahrnimmt, nach rechts in einen engen Weg ein. Schwierigkeiten gibt es dann ab der nächsten Gabelung. Links führt der sehr steil werdende Weg zum Kirchlein hinauf, doch diese restlichen 500 m legt man am besten zu Fuß zurück. Nur routinierte Fahrer sollten das Risiko wagen. Eine niedrige Mauer umgibt die Kirche und erinnert an das pittoreske Ambiente einer griechischen Insel. *www.cavascura.it*

SERRARA-FONTANA UND EPOMEO ☼

Den obligatorischen Aufstieg zum Gipfel des 787 m hohen ⭐ *Epomeo* [106 A–B5] unternimmt man am besten von Fontana [112 B2] aus, denn die zu einer Doppelgemeinde vereinten Ortschaften Serrara [112 A3–4] und Fontana sind mit 400 m bzw. 500 m die höchstgelegenen auf Ischia. Kaum eine halbstündige Fahrt von der Küste, und schon befinden Sie sich in der schönsten Berglandschaft. Frische Luft, unverfälschtes Bauernleben und durch die Jahrhunderte kaum veränderte Wohnstätten.

Ein Torbogen trennt *Serraras* Piazza von der Straße. Er verbindet die Pfarrkirche *Santa Maria del Carmine* mit dem Rathaus, dem einstigen Herrschaftspalazzo (18. Jh.). Der Glockenturm dieser Barockkirche überragt den Platz, der in einer ❀ Aussichtsterrasse endet. Der älteste erhaltene Sakralbau (1374) auf Ischia befindet sich in *Fontana*. Eine Freitreppe führt an einer Straßenkurve hinauf zur „Sacrata", der barocken Pfarrkirche *Santa Maria della Mercede*.

Nun zurück zum Epomeo. Leider ist der Ritt auf Eselsrücken längst passé, und der einstündige Fußmarsch bis zum Gipfel ist für ungeübte Spaziergänger etwas strapaziös. Von Serrara-Fontana folgen Sie dem Schild „Monte Epomeo". Die steile Asphaltstraße führt Sie bis zu einer Piniengruppe. Dann nehmen Sie linker Hand den Feldweg hinauf, an schattigen Kastanienwäldern, an Eichen, Buchen, Ginster und Brombeersträuchern vorbei. Ein paar Kletterschritte über karge, zerklüftete Tuffsteinfelsen, dann haben Sie den ❀ Gipfel erreicht. Ganz Ischia liegt Ihnen zu Füßen. Der Rundblick ist wirklich atemberaubend.

Unter dem Gipfelfelsen können Sie Rast machen auf der ==Caféterrasse *La Grotta*==, die sich an einen Felsvorsprung klammert. Zwei Tipps: Falls Sie hier bei Sonnenuntergang speisen wollen, vergessen Sie nicht, eine Taschenlampe mitzunehmen (es gibt keine Wegbeleuchtung!) und

reservieren Sie rechtzeitig einen Panorama-Tisch draußen *(Mobiltel. 368 55 99 16)*.

Die tief in den Tuff gekerbte Cava Scura

Insider Tipp

> NICHT NUR KUREN: NATURERLEBNIS ISCHIA

Die Vielfalt der Insel auf dem Mountainbike und in Wanderstiefeln erkunden

Die Touren sind auf dem hinteren Umschlag und im Reiseatlas grün markiert

1 AUF DEM RAD VON ISCHIA PORTO NACH CASAMICCIOLA

An mehreren Stellen können Sie Geländeräder mieten, zum Beispiel in Ischia Porto (in Hafennähe bei Noleggio Del Franco, Via Alfredo De Luca 133, Tel. 081991334, zu Tagessätzen ab 15 Euro). Der hier vorgeschlagene Ausflug zeigt einen der Höhepunkte der vulkanischen Beschaffenheit und Vegetation der Insel. Seine Länge beträgt etwa 20 km, ein nicht sehr

großer Höhenunterschied von 260 m ist dabei zu bewältigen.

Vom Radverleih in der Via Alfredo De Luca geht es zur *Piazza degli Eroi*, von dort rechts Richtung Barano die *Via Mazzella* hinauf bis zu den *Pilastri*, dem alten Aquädukt (S. 32), unter dem hindurch man rechts der Abzweigung nach Fiaiano folgt. Die Straße steigt an, rechts von Fiaiano (S. 42) breitet sich der L'Arso aus, das Kratergebiet, das der Lavaausbruch

Bild: I Pilastri

AUSFLÜGE & TOUREN

von 1301 schuf. Heute wächst hier ein lauschiger Pinienwald. In Fiaiano folgt man dem Schild **Monte Rotaro** *(S. 49)* und kann sich am Ortsausgang nahe bei einer Kirchenruine an einer Wasserfontäne erfrischen. Die Straße steigt weiter an, den Berg hinauf, bis sie sich gabelt und sich wie eine Ringstraße um den auffallend dichten Wald legt, der den Gipfel (266 m) bedeckt. Als der Wald vor 50 Jahren aufgeforstet wurde, ging man davon aus, dass nur ein Teil der neu gesetzten Pflanzen überleben würde. Doch es wuchsen alle an und entwickelten sich prächtig. Der linken Gabelung folgend, geht es sehr bald rechts in den frisch duftenden Wald auf einem mit einer Kette verschlossenen Weg. Den Krater des Monte Rotaro überzieht die Macchia, und es sind eher die im Wald hin und wieder auszumachenden Fumarolen, die auf vulkanische Tätigkeit verweisen.

Nach der Erholung im Wald kommen Sie wieder auf die Straße zurück. Der Sonne ausgesetzt und mit herrlichem ☀ Blick auf das Meer und Casamicciola, geht es in Serpentinen die *Via Cretaio* hinunter in den Ort. Fahren Sie links auf den *Corso Vittorio Emanuele,* der an den alten **Thermen Belliazzi** und **Manzi** vorbeiführt, und schließlich rechts auf die *Via Principessa Margherita* zum Hafen hinunter. Die Rückfahrt längs der Küste nach **Ischia Porto** (4 km) verläuft über die leider ziemlich befahrene Hauptstraße SS 270. Zu einem erfrischenden Bad laden die diversen **Strände** *(S. 40, 49)* zwischen Casamicciola und Ischia Porto ein.

2 TREKKING QUER ÜBER DIE INSEL

🚶 **Die Wanderung zieht sich quer über die Insel, zeigt deren ausgesprochen bewegtes Landschaftsbild und erreicht mit dem Monte Epomeo ihren höchsten Punkt und herrlichsten Überblick. Sie ist lang (ca. 5,5–6,5 Stunden bei immerhin 780 m Höhenunterschied) und durch einige steinige, steile Anstiege streckenweise beschwerlich. Zur Orientierung ist eine aktuelle, detaillierte Wanderkarte unbedingt erforderlich, die Sie z. B. bei den Touristeninformationen erwerben können.**

Verlassen Sie Ischia Porto über die Gasse *Via Quercia,* die von der *Piazza Trieste* (mit Bar und Touristeninformation) landeinwärts führt, überqueren die SS 270 und gehen die *Via Nuova dei Conti* hinauf Richtung Fiaiano, vorbei an der Kirche **Santa Anna** und dem mit Pinien bewachsenen Kratergebiet von **L'Arso**. Folgen Sie in **Fiaiano** *(S. 42,* 202 m,

1 Stunde) zunächst der Straße zum Monte Rotaro, kürzen eine weite Serpentine über einen Treppenpfad ab und biegen nach 100 m von der Straße links ab auf ein Sträßchen, das sich bald in Stufen und dann als Naturweg fortsetzt. Dieser flankiert – man hält sich rechts – das Tal **Cava Bianca**, überquert einen Wasserlauf, führt an einer Trockenmauer und an einem Waldstück vorbei, bis er sich erneut gabelt.

Auf dem rechts abzweigenden Weg geht es die bewaldeten Flanken des **Monte Trippodi** (503 m) entlang und sich links haltend über den Sattel **Piano di San Paolo** auf einen Picknickplatz. Jetzt heißt es aufpassen, denn verschiedene Wege kreuzen sich! Schlagen Sie den mittleren Pfad nach Westen ein, folgen nach wenigen Schritten der linken Abzweigung und halten Sie sich dann bei der nächsten Gabelung rechts. Bald führt der Weg durch eine kleine Schlucht, schon längst mit Blick auf den **Monte Epomeo** *(S. 78).* Schließlich überqueren Sie eine Straße, die Zufahrt zu einer abgeschlossenen Militäranlage. Ein Stück weiter trifft der Weg auf die klassische Epomeo-Route, die von Fontana hinaufführt. Bis zum ☀ Gipfel (787 m) mit seiner atemberaubenden Aussicht und der Einsiedelei **San Nicola** sind vom Ausgangspunkt in Ischia Porto nun etwa dreieinhalb Stunden vergangen.

Weiter folgt die Durchquerung Ischias zu Fuß nun dem Abstieg vom Epomeo-Gipfel in Richtung der Einsiedelei Santa Maria del Monte. Klettern Sie von der Spitze wieder herunter auf die Tuffplatten und schlagen Sie den rechts abzweigenden Weg ein. Bei einer kurz darauf folgenden Kreuzung nehmen Sie erneut den rechten Weg: Es geht über glatt gewetztes Gestein steil hinunter, doch der gut sichtbar gelb markierte Weg wird bald durch einen schattigen Wald führen, immer geradeaus bis zur Einsiedelei.

Im Wald entdecken Sie die für Ischias alte Architektur typischen *Höhlenhäuser im Tuffstein*. Der weiche Fels lässt sich leicht aushöhlen und dient als kühle Wohnung oder als Weinkeller. Die Wallfahrtskirche **Santa Maria del Monte** *(S. 71)*, die Sie nach etwa 1 Stunde erreichen, ist auch aus Tuffstein gebaut, genauso wie die vorher erwähnte, bekanntere Einsiedelei San Nicola am Gipfel des Monte Epomeo. Beide dienten der Bevölke-

rung vom 16. bis zum 18. Jh. als idealer Zufluchtsort und als Versteck vor den gefürchteten Überfällen der muslimischen Seeräuber.

Nun heißt es, sich zu entscheiden: Entweder, den Weg nach **Forio** *(S. 58)* auf steilen Pfaden durch Weinterrassen (ca. 1 Stunde) nehmen, oder aber dem um mindestens 1 Stunde längeren Weg Richtung Süden durch eine regelrechte Mondlandschaft aus grün-

In riesige herabgerollte Tuffbrocken hat man Behausungen in den weichen Stein geschlagen

lich schimmernden Tuffsteinformationen folgen, die im 720 m hohen Felsen **Pietra dell'Acqua** gipfeln. Diverse Pfade führen weiter abwärts nach **Ciglio** *(S. 69)* oder **Serrara** *(S. 78)*, beides Ortschaften, die an der SS 270 liegen, was die Möglichkeit bietet, mit dem Bus zum Ausgangspunkt zurückzugelangen.

EIN TAG AUF ISCHIA

Action pur und einmalige Erlebnisse.
Gehen Sie auf Tour mit unserem Szene-Scout

KICKSTART!

8:00

Erst fahren, dann laufen! Mit dem Wasser-taxi geht's zur Spiaggia dei Maronti, dem längsten Strand der Insel. Vor Ort packt man die Laufschuhe aus und erkundet die Insel joggend. Dabei die angenehm kühle Morgenluft einatmen, denn wegen seiner Südlage heizt sich der Strand schon kurze Zeit später richtig auf! **WO?** *Abfahrt: Hafen von Sant' Angelo | Kosten: ca. 4 Euro/Fahrt*

9:00

OUTDOOR-BREAKFAST

Frühstück zum Mitnehmen! In der Bäckerei *Panificio di Boccanfuso Pasqualino* knuspriges *pane* oder ein süßes Teilchen kaufen, damit ein Plätzchen unter freiem Himmel suchen und das morgendliche Treiben Ischias beobachten. **WO?** *Traversa Iii De Rivaz 7, Ischia*

SCOOTER VORAUS!

10:30

In Casamicciola Terme kommt Tempo in den Tag! Auf einem gemieteten Scooter geht's an der Küste entlang. Fahrtwind um die Nase wehen lassen und die spektakuläre Landschaft bewundern! **WO?** *Auto Di Meglio, Via Tommaso Morgera 13–15 | Tel. 081 99 52 22 | Kosten: 30 Euro/Tag | www.ischia-rentcar.it*

12:30

LUNCH

Runter vom Gas und einfach nur ge-nießen: leckeren Fisch oder andere regionale Spezialitäten zum Beispiel, für die das *Ristorante Dai Tu* berühmt ist. So köstlich wie direkt am Lungomare von Ischia Porto schmeckt das italienische Dolcefarni-ente nirgends! **WO?** *Lungomare Cristoforo Colombo | Tel. 081 98 30 93*

24h

INSEL VON UNTEN
15:30

Jetzt geht's abwärts! Mit Flossen und Sauerstoffmaske ausgestattet die Unterwasserwelt an der Küste erforschen. Natürlich nicht alleine: Den Weg zu den schönsten Unterwasser-Sights zeigt ein erfahrener Guide. Spannend! **WO?** *Technosub Ischia, Lungomare Iasolino, Ischia Porto | Anmeldung unter Tel. 32 94 18 79 02 | Kosten: 35 Euro | www.technosubischia.it*

18:00
SUNDOWNER

Romantisch geht's in den Abend: Die Bar des Hotels *Umberto a Mare* in Forio gilt als schönster Platz in Ischias Westen! Campari-Soda oder Aperol-Orangensaft auf Eis bestellen und mit Blick auf den Sonnenuntergang genüsslich schlürfen. Sensationell! **WO?** *Via Soccorso 2, unterhalb der Soccorso-Kirche, Forio | Tel. 081 99 71 71 | www.umbertoamare.it*

EINE RUNDE SACHE
20:00

Dinnertime! Das *Epomeo* in Forio ist für seine leckeren Pizzen berühmt. Am besten einen Tisch auf der Piazza ergattern, sich das Essen schmecken lassen und dabei die Italiener beobachten, die natürlich auch abends eine *bella figura* machen. Rechtzeitig reservieren! **WO?** *Piazza Giacomo Matteotti 9 | Tel. 081 99 72 07*

24:00
NIGHTLIFE!

Zurück nach Ischia Porto, in eine der coolsten Nightbars der Insel! Direkt an der schicken Flaniermeile Corso Vittoria Colonna gelegen, ist das *Dionisio* Treffpunkt der Szene zum Feiern, Chillen – und zum Sehen und Gesehenwerden! In einem der Sessel Platz nehmen, abtanzen oder erst mal einen leckeren Cocktail als Appetizer bestellen. Die Nacht ist noch jung! **WO?** *Night Bar Pub Dionisio, Corso Vittoria Colonna 46*

> THERMALPARKS, WANDERN, WASSERSPORT

Hier finden Sie komplette Erholung – an Land, aber auch auf und im Wasser

> **Wassersport steht auf einer Insel natürlich hoch im Kurs: vom Tretbootfahren bis zum Surfen (Verleih in der Saison an allen größeren Stränden wie San Montano, Citara, San Francesco, Maronti und an denen von Ischia-Stadt und Lacco Ameno), vom Segeln bis zum Tauchen.**
Zahlreiche Agenturen bieten Ausflüge an und organisieren Bootstouren. Besonders deutsche Ischia-Liebhaber schwören aufs Wandern durch die immergrüne Natur, durch Schluchten voller Farne und Bambus und über die felsigen Berge mit herrlichen Ausblicken. Wer gern Tennis spielt, wird in jedem Ort gleich mehrere gegen Gebühr zugängliche Tennisplätze finden, auch manches Hotel hat einen eigenen Platz.

Doch der eigentliche Clou auf Ischia sind die in üppige Vegetation gebetteten Thermalparks mit ihren zahlreichen Becken unterschiedlicher Wassertemperatur, einer schöner als

Bild: Monte Epomeo

SPORT & AKTIVITÄTEN

der andere und allesamt an besonders reizvollen Küstenflecken gelegen. Der Eintritt kostet ca. 25 Euro, preiswerter wird es bei Abonnements und Halbtageskarten. Alle Parks sind ganztägig geöffnet.

■ FISCHEN ■

Für die Fischer ein Zubrot und für die Feriengäste eine aufregende Ausfahrt ist der *pescatourismo* : mitfahren auf professionellen Fischerbooten und beim Einholen des Fangs helfen. Der Ausflug endet in einer Strand-trattoria, wo der Fisch gleich in die Pfanne kommt. Preis je nach Dauer der Fahrten, Fangart und Fischimbiss ab 50 Euro pro Person. Ausfahrten vermittelt z.B. *Gaetano Pezzella (Mobiltel. 33 85 84 55 15)*.

■ REITEN ■

Ausflüge hoch zu Ross über die Höhen des Monte Epomeo organisiert

Insider Tipp

die Reitschule *Club Ippico Cretaio* von Bartolo Messina *(über 40 Pferde | 1-Std.-Tour 25 Euro, 5-Std.-Tour 50 Euro inkl. Mittagessen | Via Cretaio, Fiaiano | Tel. 081 98 41 20 | www.aragona-arabians.com).*

■ SEGELN ■

An den Yachthäfen befinden sich verschiedene Yachtclubs, die Segelkurse anbieten. Segel- und Schlauchbootverleih z.B. bei *Ischiabarche (Via Pontano 3 | Ischia | Tel./Fax 081 98 48 54 | www.ischiabarche.it).*

■ TAUCHEN ■

An den Küsten Ischias mit Felsgrotten und reicher Unterwasserflora kommen Tauchfreunde voll auf ihre Kosten. Tauchexperte Vittorio Guarracino bietet Kurse an im *Diving Center* bei *Il Timone (Via Marina 70 | Forio | Tel. 081 99 85 88).*

■ THERMALPARKS ■

GIARDINI APHRODITE-APOLLON 🔊   [112 B5]

Zu Fuß gelangt man von Sant'Angelo zu dieser alteingesessenen, charmant verwinkelten Gartenanlage auf dem Weg zum Maronti-Strand: Auf blühenden Terrassen verteilen sich ein Dutzend Thermalbecken (22–40 Grad), ein Schwimmbad, Dampfgrotten, die Kurabteilung, Bars, ein Restaurant und eine Spielecke mit Wasserrutsche für Kinder. *Mitte April bis Oktober | Via Fondolillo | Tel. 081 99 92 19 | www.aphrodite.it*

GIARDINI POSEIDON ⭐ 🌿   [110 B3]

Zwischen einer langen Tuff-Felswand und dem Sandstrand Citara bei *Forio* erstreckt sich auf 55 ha die aufwendigste Thermalgarten Ischias: Zwischen Blumenbeeten, Palmen, Kakteen und Oleander liegen 17 Thermalbecken, drei Hallenbäder, moderne Anlagen zur Kur- und Wellnessbehandlung, auch gehört der südliche Teil des Citara-Strandes dazu – alles sehr gepflegt und seit den 1960er-Jahren in deutscher Hand. *Samstag vor Ostern bis Ende Oktober | Spiaggia di Citara | Tel. 081 90 87 11 | www.giardiniposeidon.it*

PARCO NEGOMBO ⭐   [105 D2]

Eine Thermalanlage wie im Bilderbuch, die jedes Jahr prächtiger wird, dank der unsichtbaren Hand des Landschaftsarchitekten Ermanno Casasco. In diesem Lustgarten ergeht man sich über mehrere Ebenen in verschiedenen Thermalbecken, Heiß-Kalt-Labyrinthen, Terrassen mit Liegen, Fruchtbars, moderner Kunst – und das vor der Kulisse der mit Macchia bewachsenen Felsformationen, die die zauberhafte Bucht San Montano bei *Lacco Ameno* einrahmen. Den Gründer des Parks, Herzog Camerini, erinnerte sie an die Negombo-Bucht auf Sri Lanka, daher der Name. Natürlich fehlen Kur- und Wellnessabteilungen nicht, ebensowenig Boutiquen, ein Terrassenrestaurant *(€€)*, ein großes Schwimmbad und ein Strandabschnitt der San-Montano-Bucht. *Mitte April–Mitte Oktober | Baia di San Montano | Tel. 081 98 61 52 | www.negombo.it*

I-Tüpfelchen: das dazugehörige, versteckt liegende 4-Sterne-Hotel *Della Baia.* Alle 16 Zimmer mit eigener Terrasse. *Tel. 081 98 63 98 | Fax 081 98 63 42 | hoteldellabaia@negombo.it | €€*

Inside Tipp

SPORT & AKTIVITÄTEN

PARCO TERMALE CASTIGLIONE 〰 [107 E2]

Von Ischia Porto kommend, liegen die Thermalgärten Castiglione kurz vor dem Ortseingang von *Casamicciola* in herrlicher Hanglage, die sich bis zum Meer hinabstuft. Auf etwa 3 ha verteilen sich elf Becken, darunter ein großes Schwimmbad mit Meerwasser und acht Thermalbecken, deren heißes Wasser sich aus den Bagnietielli-Quellen speist und auf 30 bis 40 Grad heruntergekühlt ist – alles in üppige Vegetation gebettet. Dazu kommen Kur-, Wellness- und Beautyangebote, Terrassenrestaurant, Cafébar, Privatstrand. *April–Oktober | Via Castiglione 62 | Tel. 081 98 25 51 | www.termecastiglione.it*

PARCO TERMALE TROPICAL [112 A5]

Auf einem Felsplateau über dem Ortseingang von *Sant'Angelo* er-streckt sich der neueste Thermalpark Ischias mit zehn Becken, Dampfbad, Sauna, Kurprogramm, Restaurant und einer FKK-Liegeterrasse mit Thermalduschen. Es ist der einzige Thermalpark Ischias, der auch im Winter geöffnet ist. *Ende März bis Nov. | Via Ruffano 26 | Tel. 081 99 92 42 | www. parco-tropical.com*

■ WANDERN ■■■■■■

Es gibt zahlreiche reizvolle Wander-strecken auf Ischia. Bei der Orientie-rung helfen Wanderführer, Karten oder aber ortskundige Begleitung. Etwa durch den deutschsprachigen Geologen Aniello Di Iorio, der ab 20 Euro dreistündige „Geowande-rungen" anbietet, auf denen er die Vulkanursprünge der Insel vor Augen führt *(Tel. 081 90 30 58 | www.euro geopark.com).*

Insider Tipp

Solche Urlaubsparadiese sieht man sonst nur im Reiseprospekt: Giardini Aphrodite-Apollon

> BOOTSTOUREN UND INTERESSANTE LANDPARTIEN

Wasseransichten einer Insel, Reisen in die Vergangenheit und die Vielfalt der Natur erleben

> Beim Gedanken an Ischia mit Kindern sollte man das Klischee beiseite schieben, die Insel sei eher ein Ziel für ältere, kurbedürftige Feriengäste. Das ist schon lange nicht mehr der Fall. Im Gegenteil, in den letzten Jahren machen immer mehr Familien mit Kindern Ferien auf der Insel. Dazu gibt es hier eine ganze Reihe schöner, sandiger Strände mit seichtem Einstieg ins Meer und breit genug für Ballspiele. Die Sonne scheint so gut wie immer, und italienisches Essen wie Pizza, Spaghetti und Eis schmeckt, als sei es eigens für Kinder geschaffen.

Die Italiener selbst, gerade die Süditaliener, sind bekannt für ihre Kinderfreundlichkeit, ein Späßchen, ein Lächeln, eine kleine Aufmerksamkeit haben sie fast immer für sie übrig – auch wenn die Insel und damit auch die Dienstleistungen eher auf ein Ruhe suchendes Publikum eingestellt sind. Viele Hotels bieten Preisnach-

Bild: Ischia Ponte, Castello Aragonese

MIT KINDERN UNTERWEGS

lässe für kleine Kinder und mitunter gar Jugendliche an. Was weitgehend fehlt, ist Spaßanimation am Strand, in den Hotels oder in den Thermalparks: Für ihre Unterhaltung müssen die Kinder bzw. ihre Familien selber sorgen, zum Beispiel mit Ausflügen oder mit Bootstouren.

Was sich für Kinder nicht empfiehlt, ist das Baden in Thermalbecken mit allzu heißem Wasser, in manchen Thermalanlagen ist ihnen die Benutzung von Becken mit 36, 38 oder 40 Grad Wassertemperatur sogar ausdrücklich untersagt. Doch Becken mit niedrigeren Temperaturen, in denen sie sich tummeln können, gibt es reichlich, auch haben alle Thermalparks Schwimmbäder, meist mit Meerwasser. Der Thermalpark, der sich am besten auf kleine Gäste eingestellt hat, sind die *Giardini Aphrodite-Apollon* bei Sant'Angelo: Hier gibt es einen Spielplatz für die ganz

Kleinen sowie ein Schwimm- und Planschbecken mit toller Wasserrutsche. Für einen Besuch der Thermalparks mit Kindern spricht, dass sie alle über direkten Zugang zu Strand und Meer verfügen. Auch liegen die Eintrittspreise für Kinder (bis 12 Jahre) 30–45 Prozent niedriger als die Erwachsenenpreise.

■ BOOTSAUSFLÜGE

Täglich ziehen zahlreiche *Ausflugsschiffe* um die Insel. Ihre abwechslungsreiche, manchmal bizarre Küstenformation, die Steilwände, Grotten und in Buchten auslaufenden Schluchten lohnen eine Tour auch mit Kindern allemal. Meist starten die Schiffe am frühen Nachmittag von den Häfen der einzelnen Ortschaften. Sämtliche lokale Agenturen vermitteln Touren (ca. 15 Euro, Kinder 5–10 Jahre 10 Euro). Angeboten werden auch Schiffsausflüge zu den Nachbarinseln Procida und Capri, nach Neapel und an die Amalfiküste.

In allen Häfen Ischias kann man außerdem schlichte ★ *Boote mit Außenbordmotor* mieten, in denen Familien und Gruppen von etwa sechs Personen Platz finden und mit denen man auf eigene Faust die Küste entlangtuckern kann, mit Picknick an Bord und Badepausen in einladenden Buchten. *Halbtagesmiete ca. 100 Euro, Ganztagesmiete ca. 160 Euro*

■ LANDAUSFLUG

NACH POMPEJI UND AUF DEN VESUV

Die Erfahrung zeigt, dass Kinder den Besuch der riesigen römischen Ruinenstadt am Fuß des Vesuvs höchst aufregend finden. Kaum eine virtuelle Simulation könnte eine 2000 Jahre alte Stadt der Antike besser vor Augen führen als Pompeji und seine Straßen mit den Spurrillen der einstigen Ochsenkarren, den Kupferleitungen für die Wasserversorgung, den Häusern mit Wandbemalungen und Innenhöfen, den Ladenstraßen mit Theken und Öl- und Weinbehältnissen, den Theatern und Sportplätzen. *Tgl. 9 Uhr bis 1 Std. vor Sonnenuntergang | Erwachsene 11 Euro, Kinder und Jugendliche aus EU-Staaten bis 18 Jahre gratis*

❀ Zum Besuch von Pompeji gehört eigentlich auch der Aufstieg auf den Vesuv mit Blick in den Kraterschlund. Den kombinierten Ausflug bietet z.B. das Büro *Ufficio Turistico Romano* in Ischia an *(Via Porto 5 | Tel. 081 99 12 15 | Infoline 08 15 07 40 50 | www.ischiadirect tours.com)*. Ansonsten erreicht man Pompeji mit der Fähre nach Neapel und dann weiter mit der lokalen Eisenbahn *Circumvesuviana* von Neapels Bahnhof bis vor den Eingang der Ruinenstadt *(Pompei Scavi)*.

■ ORT ISCHIA

CASTELLO ARAGONESE ❀ [U F1–2]

Man muss sich das vorstellen: Im 18. Jh. lebten in der riesigen Festung, die sich mit Mauern, Türmen und Kirchenkuppeln über das Felsinselchen vor Ischia ergießt, fast 2000 Familien aus Furcht vor den Piraten, die vom Meer aus immer wieder die Küsten Ischias überfielen. Das Gruseln packt einen in den Verliesen, im Nonnenfriedhof und bei der Ausstellung von Folterinstrumenten. Ansonsten kann man sich hier bei tollen Ausblicken auf Ischia und das Meer seinen Abenteuerfantasien hingeben.

KINDERN UNTERWEGS

MUSCHELMUSEUM IM RESTAURANT BARRACUDA  [114 D2]

Eine Fülle an wunderschönen Muscheln, Korallen, versteinerten Seepferdchen und sonstigen Fossilien haben Hobbytaucher, allen voran der Wirt des ausstellenden Restaurants, im Lauf vieler Jahre zusammengetragen. Man kann die Meeresschätze nach der Pizza oder einem Fischgericht in den Vitrinen des herrlich gelegenen Restaurants bestaunen. Der Ausflug führt ins Dorf Campagnano an den weinbewachsenen Hügeln im Osten der Insel, unweit vom Ort Ischia. *Ristorante Barracuda | Via Campagnano 62 | Tel. 081 90 20 46 | März–Okt. tgl., Nov.–Feb. nur am Wochenende | €€*

MUSEO DEL MARE [U E1]

Das Meeresmuseum im Palazzo dell'Orologio, dem sogenannten Uhrenpalast inmitten der Altstadt, veranschaulicht mit zahlreichen Arbeits- und Navigationsinstrumenten, Fotos und Schiffsmodellen das Leben und die Arbeit der Fischer und Seefahrer von Ischia in den letzten Jahrhunderten. *Palazzo dell'Orologio | Ischia Ponte | Juli/Aug. Di–So 10.30–12.30 und 18.30–22 Uhr, April–Juni und Sept./Okt. 10.30–12.30 und 15–19 Uhr, Nov.–Jan. und März 10.30 bis 12.30 Uhr | Eintritt 3 Euro*

■ FORIO

LA MORTELLA [105 D2]

Der exotische Garten ist ein Muss auf Ischia! Die tropische Vegetation erfreut zwar mehr die Eltern, doch Kinder faszinieren dafür zum Beispiel im Orchideenpavillon beim Teehaus die Kolibris, wie sie mit ihren langen Zungen den Nektar aus den Blüten schlürfen *(s. S. 62)*.

Spritziges Vergnügen: planschen in der Brandung, den sicheren Strand im Rücken

> VON ANREISE BIS ZOLL

Urlaub von Anfang bis Ende: die wichtigsten Adressen und Informationen für Ihre Ischia-Reise

▰ ANREISE ▰

FLUGZEUG

Am besten nach Neapel mit einem Charterflug und dann mit dem Taxi zum Fährhafen von Pozzuoli westlich von Neapel. Vom Flughafen gibt es auch den „Alibus" bis zur Station *Piazza Municipio* bei der Schiffsanlegestelle *Molo Beverello*. Dieser Shuttle verkehrt täglich zwischen 6.30 und ca. 23.30 Uhr. Fahrkarten gibt es beim Fahrer (3 Euro); der Flughafen ist 10 km vom Hafen entfernt. *Hotline: 800 63 95 25 | www.anm.it*

BAHN

Die Fahrt von München nach Neapel ist relativ preiswert. Man kann sie in einer Nacht bequem im Schlafwagen bewältigen. Nach rund 14 Stunden kommt man dann noch vor 11 Uhr in Neapel an. *www.bahn.de | www.tren italia.it*

AUTO

Von München aus über Innsbruck, den Brenner, Verona, Rom, Pozzuoli. Von Basel aus über den Gotthard-Tunnel, Mailand, Rom, Pozzuoli. Von dort mit der Autofähre nach Ischia (Ischia Porto oder Casamicciola). Will man von Neapel nach Ischia übersetzen, nimmt man die Autofähre im Hafen am Terminal *Porta di Massa*. Autoreisezüge fahren nur bis Norditalien (Verona, Alessandria).

PRAKTISCHE HINWEISE

SCHIFF

In Neapel gibt es folgende Anlegestellen: *Molo Mergellina* und *Molo Beverello* für Schnellboote sowie *Porta di Massa* (300 m vom Molo Beverello entfernt, Shuttlebus vorhanden) für die preiswerteren und langsameren Autofähren. Die kürzeste und günstigste Fährverbindung nach Ischia bleibt aber die aus dem Hafen von *Pozzuoli.*

Die Schnellboote („Aliscafi"), deren Einsatz allerdings vom Seegang abhängig ist, benötigen nach Ischia 45 Min. (Preis saisonbedingt ab 16 Euro p. Pers.), Autofähren 1,5 Std. (Preis saisonbedingt ab 11 Euro p. Pers.). Aliscafi nach Ischia gibt es auch von Sorrent aus (ca. 50 km südlich von Neapel gelegen).

Buchungen u. a.: Autofähre ab Pozzuoli/Neapel bei *Caremar (Tel. 081 89 21 23 | www.caremar.it)*, Schnellboote bei *Alilauro (Tel. 081 99 18 88 | www.snav.it).*

■ AUSKUNFT VOR DER REISE

ITALIENISCHE ZENTRALE FÜR TOURISMUS (E.N.I.T.)

– *Barckhausstr. 10 | 60325 Frankfurt | Tel. 069/23 74 34 | Fax 23 28 94 | www.enit-italia.de*
– *Prinzregentenstr. 22 | 80538 München | Tel. 089/53 13 17*
– *Kärntnerring 4 | 1010 Wien | Tel. 01/505 16 39 | www.enit.at*
– *Uraniastr. 32 | 8001 Zürich | Tel. 04 34 66 40 40 | www.enit.ch*

■ BANKEN

Banken mit Geldautomaten sind flächendeckend vorhanden. Kernöffnungszeiten der Banken: *Mo–Fr 8.30–13.15 u. 14.45–15.30 Uhr.*

➤ WAS KOSTET WIE VIEL?

➤ **KAFFEE**	**1 EURO**	für eine Tasse an der Bartheke
➤ **BRUSCHETTA**	**3 EURO**	für eine Scheibe
➤ **EIS**	**2 EURO**	für 2 Kugeln in der Tüte
➤ **WEIN**	**AB 2,20 EURO**	für ein Glas
➤ **THERMALBAD**	**22–35 EURO**	für den Eintritt in einen Thermalpark
➤ **BUSFAHRT**	**1,30 EURO**	für eine 90-Minuten-Fahrkarte (im Bus 1,50 Euro)

■ BUSSE

Das Busnetz auf Ischia ist sehr gut ausgebaut. In der Saison sind die Busse oft hoffnungslos überfüllt. Sie starten in Ischia Porto. Neben dem normalen Fahrschein für 90 Min. gibt es preisgünstige Tages- (4,20 Euro), 3-Tages- (8,50 Euro), 7-Tages- (17 Euro) und 14-Tagestickets (25 Euro)

Die Fahrscheine kauft man in vielen Tabakläden, Bars und an Automaten. Achtung: Im Sommer werden regelmäßig Kontrollen durchgeführt, da viele Passagiere schwarzfahren. Info: *S.E.P.S.A.-Büro (Via Michele Mazzella | Tel. 081 99 18 08 | Fax 081 99 18 28). www.ischiadirectory. it/tariffe_autobus_ischia.php*

■ DIPLOMATISCHE VERTRETUNGEN

DEUTSCHES GENERALKONSULAT
Via Crispi 69 | Neapel | Tel. 08 12 48 85 11

ÖSTERREICHISCHES HONORARKONSULAT
Corso Umberto I 275 | Neapel | Tel. 081 28 77 24. Konsularabteilung in Rom Tel. 068 41 82 12

SCHWEIZERISCHES HONORARKONSULAT
Via C. Poerio 9 | Neapel | Tel. 08 17 34 11 32

■ GESUNDHEIT ■

Besorgen Sie sich bei Ihrer Krankenkasse die Europäische Krankenversicherungskarte EHIC. Darüber hinaus vermeidet der Abschluss einer Urlaubskrankenversicherung bürokratischen Verdruss. Durch den Thermalbetrieb ist Ischia gut mit Ärzten versorgt, viele sprechen deutsch. Infos: *www.fit-for-travel.de*

■ INTERNET & INTERNETCAFÉS

Infos zu Hotels, Restaurants, Veranstaltungen, Fährverbindungen finden Sie im offiziellen Ischia-Auftritt: *www.ischiaonline.it*, teilweise auch auf Deutsch. Auch die Touristikagenturen haben gute Websites, z.B. *www.ischiadirecttours.com* und *www. ischia.org*. Weitere Seiten mit Veranstaltungen, Bootsausflügen, Ferienwohnungen sind *www.pithecusa.com* und *www.ischiaweb.it*.

WETTER AUF ISCHIA

Jan.	Feb.	März	April	Mai	Juni	Juli	Aug.	Sept.	Okt.	Nov.	Dez.
11	12	15	18	22	27	29	29	26	21	17	13
Tagestemperaturen in °C											
6	6	8	11	14	18	20	20	18	14	11	7
Nachttemperaturen in °C											
4	4	5	7	8	10	11	10	7	6	5	5
Sonnenschein Std./Tag											
10	9	8	7	6	4	2	3	6	9	11	12
Niederschlag Tage/Monat											
14	13	14	15	18	21	24	25	23	21	18	16
Wassertemperaturen in °C											

PRAKTISCHE HINWEISE

Internetpoints finden Sie in Ischia Porto: *Pointel Store (Piazza Trieste e Trento 9 | www.pointelstore.it | ca. 1,50 Euro/30 Min.)* und *Cocktail Bar – Internetcafé Friends (Corso V. Colonna 135 | 2 Euro/30 Min.).* Fast alle Hotels auf Ischia haben WLAN.

MIETFAHRZEUGE

Bis auf das autofreie Sant'Angelo findet man in allen größeren Gemeinden Auto- und Motorrollerverleih; auch die Touristikagenturen vermitteln, oder man bestellt sich schon von zu Hause aus über das Internet seinen Fiat Punto (ca. 40 Euro pro Tag) oder seine Piaggio Vespa 125 (ca. 30 Euro pro Tag) direkt zur Ankunft an den Hafen: *www.auf-ischia.it* oder *www. ischia-rentacar.it.*

NOTRUFE

Unfall/Polizei Tel. 112; Polizei Tel. 113; Feuerwehr Tel. 115; Erste Hilfe Tel. 118; Carabinieri (Ischia Porto | Via Casciaro 22 | Tel. 081 98 10 62)

POST

Öffnungszeiten: *Mo–Fr 8.30–13.30, Sa 8.30–12 Uhr.* Hauptpost (Ischia Porto): *Mo–Sa 8.30–19.15 Uhr.* Briefmarken gibt es auch in Tabakläden. Porto: Postkarten und Briefe in die EU und die Schweiz 65 Cent.

PREISE

Ischia unterscheidet sich in allen Bereichen kaum vom deutschen Preisniveau. 20 Minuten Massage können 30 Euro kosten, das Massageöl kann extra berechnet werden. Jede Menge Taxis bieten ihre Dienste an, aber handeln Sie unbedingt vorher den Preis aus. Die Taxifahrt von Ischia

Porto nach Forio kostet ca. 30 Euro. In der Hochsaison bieten die meisten Hotels ihre Zimmer nur mit Halbpension an.

TELEFON & HANDY

Die Telefongesellschaft heißt *Telecom.* Telefonzellen gibt es überall. Sie werden in der Regel mit Telefonkarten *(schede telefoniche)* bedient, die man in Tabakläden bekommt.

Vorwahl nach Ischia 0039. Von Ischia nach Deutschland 0049, nach Österreich 0043, in die Schweiz 0041.

Die Vorwahl (081) ist fester Bestandteil der Nummer und muss auch bei Ortsgesprächen gewählt werden. Daher darf auch bei Anrufen aus dem Ausland die Null nicht entfallen.

Handy heißt auf Italienisch *cellulare.* Die Roaming-Gebühren sind immer noch relativ hoch. Tipp: Beschränken Sie sich auf SMS-Nachrichten oder kaufen Sie Prepaid-Karten beim *Tabaccaio* vor Ort (T). Günstige Prepaid-Karten bietet auch der italienische Mobilfunkbetreiber TIM. Allgemeine Informationen unter: *www.teltarif.de/roaming/italien/*

ZEITUNGEN

Die Tageszeitung Ischias heißt *Il Golfo,* im Sommer erscheint die deutschsprachige *Ischia-Zeitung.*

ZOLL

Waren für den privaten Verbrauch dürfen innerhalb der EU zollfrei mitgeführt werden. Die Grenzen dafür liegen u.a. bei 800 Zigaretten, 90 l Wein und 10 l Spirituosen pro Person. Für Schweizer gibt es andere Höchstgrenzen: z.B. 200 Zigaretten, 1 l Spirituosen, 2 l Wein. *www.zoll.de*

„Sprichst du Italienisch?" Dieser Sprachführer hilft Ihnen, die wichtigsten Wörter und Sätze auf Italienisch zu sagen

Aussprache

c, cc	vor „e, i" wie deutsches „tsch" in deutsch, Bsp.: dieci, sonst wie „k"
ch, cch	wie deutsches „k", Bsp.: pacchi, che
ci, ce	wie deutsches „tsch", Bsp.: ciao, cioccolata
g, gg	vor „e, i" wie deutsches „dsch" in Dschungel, Bsp.: gente
gl	ungefähr wie in „Familie", Bsp.: figlio
gn	wie in „Kognak", Bsp.: bagno
sc	vor „e, i" wie deutsches „sch", Bsp.: uscita
sch	wie in „Skala", Bsp.: Ischia
sci	vor „a, o, u" wie deutsches „sch", Bsp.: lasciare
z	immer stimmhaft wie „ds"

Ein Akzent steht im Italienischen nur, wenn die letzte Silbe betont wird. In den übrigen Fällen haben wir die Betonung durch einen Punkt unter dem betonten Vokal angegeben.

■ AUF EINEN BLICK ■

Ja./Nein./Vielleicht. — Sì./No./Forse.
Bitte./Danke./Vielen Dank! — Per favore./Grazie./Tante grazie.
Gern geschehen. — Prego!/Non c'è di che!
Entschuldigen Sie! — Scusi!
Wie bitte? — Come dice?/Prego?/Come, scusi?
Guten Morgen/Tag! — Buon giorno!
Guten Abend!/Nacht! — Buona sera!/Buona notte!
Hallo!/Grüß dich! — Ciao!
Ich verstehe Sie/dich nicht. — Non La/ti capisco.
Ich spreche nur wenig Italienisch. — Parlo solo un po' di italiano.
Können Sie mir bitte helfen? — Mi può aiutare, per favore?
Wie geht es Ihnen/dir? — Come sta/stai?
Wie heißen Sie?/Wie heißt du? — Come si chiama?/Come ti chiami?
Ich heiße … — Mi chiamo …
Ich komme aus … — Sono …
 … Deutschland. — … della Germania.
 … Österreich. — … dell' Austria.
 … der Schweiz. — … della Svizzera.
Auf Wiedersehen!/Tschüss! — Arrivederci!/Ciao!
Bis bald!/Bis morgen! — A presto!/A domani!
Hilfe! — Aiuto!
Rufen Sie bitte schnell … — Chiami subito …

SPRACHFÜHRER ITALIENISCH

… einen Krankenwagen.	… un'autoambulanza.
… die Polizei.	… la polizia.

UNTERWEGS

Bitte, wo ist …	Scusi, dov'è …
… der Bahnhof?	… la stazione?
… der Flughafen?	… l'aeroporto?
… die Haltestelle?	… la fermata?
… der Taxistand?	… il posteggio di tassi?
Zum … Hotel.	All'albergo …
Bus/Fähre/Zug	l'autobus/il traghetto/il treno
Bitte, einen Fahrschein nach …	Un biglietto per …, per favore.
Entschuldigung,	Scusi, per andare a …?
wie komme ich nach …?	
Immer geradeaus bis …	Sempre diritto fino a …
Dann links/rechts abbiegen.	Poi svolti a sinistra/destra.
nah/weit	vicino/lontano
Überqueren Sie …	Attraversi …
… die Brücke.	… il ponte.
… den Platz.	… la piazza.
… die Straße.	… la strada.
Ich möchte … mieten.	Vorrei noleggiare …
… ein Auto …	… una macchina.
… ein Fahrrad …	… una bicicletta.
… ein Boot …	… una barca.
offen/geschlossen	aperto/chiuso
drücken/ziehen	spingere/tirare
Eingang/Ausgang	ingresso/uscita
Wo sind bitte die Toiletten?	Dov'è il bagno, per favore?
Damen/Herren	signore/signori

SEHENSWERTES

Wann ist das Museum geöffnet?	Quando è aperto il museo?
Wann beginnt die Führung?	Quando comincia la visita con la guida?
Altstadt	il centro storico
Ausstellung	la mostra/l'esposizione
Denkmal	il monumento
Friedhof	il cimitero
Galerie	la galleria (d'arte)

Gottesdienst	la messa/la funzione sacra
Kirche	la chiesa
Rathaus	il municipio
Schloss/Burg	il castello
Stadtplan	la pianta della città
Stadtrundfahrt	il giro della città
Theater	il teatro
Turm	la torre

■ DATUMS- & ZEITANGABEN ■

Montag	lunedì
Dienstag	martedì
Mittwoch	mercoledì
Donnerstag	giovedì
Freitag	venerdì
Samstag	sabato
Sonntag	domenica
heute/morgen/gestern	oggi/domani/ieri
täglich	tutti i giorni, giornaliero
Wie viel Uhr ist es?	Che ore sono?
Es ist 3 Uhr.	Sono le tre.
Es ist halb 4.	Sono le tre e mezza.
Es ist Viertel vor 4.	Sono le quattro meno un quarto.
Es ist Viertel nach 4.	Sono le quattro e un quarto.

■ ESSEN & TRINKEN ■

Die Speisekarte, bitte.	Il menù, per favore.
Ich nehme …	Prendo …
Bitte ein Glas …	Per favore un bicchiere di …
Besteck	le posate
Messer/Gabel/Löffel	il coltello/la forchetta/il cucchiaio
Vorspeise/Hauptspeise	l'antipasto/il secondo
Nachspeise	il dessert, il dolce
Salz/Pfeffer/Zucker	il sale/il pepe/lo zucchero
scharf/salzig	piccante/salato
Ich bin Vegetarier/in.	Sono vegetariano/a.
Hat es geschmeckt?	Era di Suo gradimento?
Das Essen war ausgezeichnet.	(Il mangiare) era eccellente.
Trinkgeld	la mancia
Die Rechnung, bitte.	Il conto, per favore.

■ EINKAUFEN ■

| Wo finde ich …? | Dove posso può trovare …? |
| Apotheke | una farmacia |

Bäckerei	un panificio
Kaufhaus	un grande magazzino
Lebensmittelgeschäft	un negozio di generi alimentari
Markt	un mercato
Supermarkt	un supermercato
Zeitungshändler	un giornalaio
Gibt es …?/Haben Sie …?	C'è …?/Ha …?
Ich möchte …	Vorrei …
Eine Einkaufstüte, bitte.	Una busta, per favore.
Das gefällt mir (nicht).	(Non) mi piace.
Wie viel kostet es?	Quanto costa?
Nehmen Sie Kreditkarten?	Accetta carte di credito?

ÜBERNACHTEN

Ich habe ein Zimmer reserviert.	Ho prenotato una camera.
Haben Sie noch …	È libera …/Avete ancora …
… ein Einzelzimmer?	… una singola?
… ein Doppelzimmer?	… una doppia?
mit Dusche/Bad	con doccia/bagno
Was kostet das Zimmer	Quanto costa la camera
mit Frühstück?	con la prima colazione?

PRAKTISCHE INFORMATIONEN

Können Sie mir einen Arzt empfehlen?	Mi può consigliare un medico?
Ich habe Zahnschmerzen.	Ho mal di denti.
Ich habe hier Schmerzen.	Ho dei dolori qui.
Ich habe Fieber.	Ho la febbre.
Eine Briefmarke, bitte.	Un francobollo, per favore.
Postkarte	una cartolina
Wo ist bitte eine Bank?	Scusi, dove posso trovare una banca?
Geldautomat	il bancomat

ZAHLEN

1	uno	11	undici
2	due	12	dodici
3	tre	20	venti
4	quattro	21	ventuno
5	cinque	50	cinquanta
6	sei	100	cento
7	sette	200	duecento
8	otto	1000	mille
9	nove	1/2	un mezzo
10	dieci	1/4	un quarto

Ischia Ponte

> ## UNTERWEGS AUF ISCHIA

Die Seiteneinteilung für den Reiseatlas finden Sie auf dem hinteren Umschlag dieses Reiseführers

REISE ATLAS

1

400 m

Punta
Spaccarello

La Guardiola
La Colombaia

Punta Caruso

La Guardiola
102

M. Caruso

Villa Cigliano

Monfevergine

2

M A R E

Spiaggia
di Francesco

S. Fran
di Pao

3

T I R R E N O

Ponza

Spiaggia
di Chiaia

Sentore

Spinesante

4

S. Angelo

Scogli Camerata

Pietra Impisa

Casale
Baiola

Spir

5

Punta del Soccorso

Santa Maria
del Soccorso

San Gaetano

Museo Civico
Farenzi

Santa Maria
di Loreto

S. Francesco

FORIO

San Sebastiano

Monterone

Tierco

S. Michele
Arcangelo

Terme

Lorio

San Vito

Santa Lucia

San Carlo Borromeo

3

Museo
Maltese

Pescina

6

Torrione

Villa Calise

Siano

Morta

S. Antonio

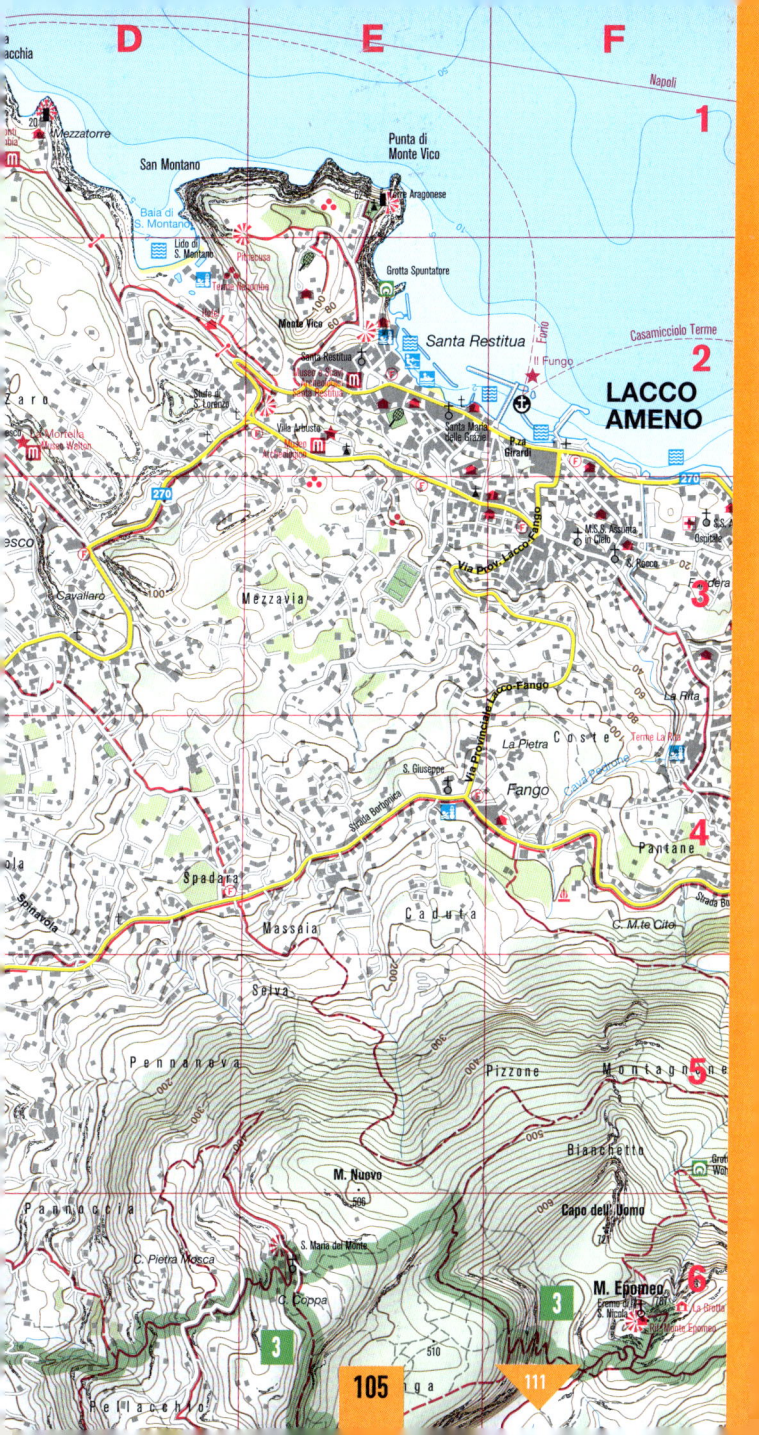

Napoli

1

Mezzatorre

San Montano

Punta di
Monte Vico

Baia di
S. Montano

Lido di
S. Montano

Pineta

Torre Aragonese

Grotta Spuntatore

Casamicciola Terme

Monte Vico

Santa Restitua

Il Fungo

2

LACCO
AMENO

Zaro

Studi di
S. Lorenzo

Villa Arbusto

Santa Maria
delle Grazie

P.za
Girardi

S.S.

Ospedale

270

M.S. Restituta
P. Cielo

S. Rocca

270

Fundera

3

Mezzavia

Via Prov. Lacco-Fango

La Ritta

Via Provinciale Lacco-Fango

La Pietra

C o s t e

Terme La Rita

S. Savaliaro

S. Giuseppe

Fango

Pantane

4

Strada Bellavista

Spadara

Caduta

C. M.le Citei

Strada Bu

Spinavola

Massaia

Selva

Pennanava

Pizzone

Montagnone

5

Bianchetto

Grot
Wa

M. Nuovo
506

Capo dell'Uomo
721

Pannaccia

C. Pietra Mosca

S. Maria del Monte

6

M. Epomeo

Eremo di
S. Nicola

La Bietta

C. Coppa

3

3

510

Bellachio

TIRRENO

Napoli - Pozzuoli

400 m

Ischia-Porto

SAMICCIOLA
RME

Perrone

Punta la Scrofa

Spiaggia di Marina

San Gabriele

Vina Landi

Mortito

Bagnitielli

San Pasquale

Termo Castiglione

Castiglione

Spiaggia
degli Inglesi

Parata

M. Tabor

Mezzocammina

270

S. Alessandro

Molara

Villammare

La Quercie

Bosco di Castiglione

M. Retaro
266

279

Cognole

Fondo d' Oglio
181

Discarica
Müliplatz

Montagnone
252

Casa Piesco

Bosco delle Maddalena

Il Focolaro

Cretaio

M. Mashiata
307

aniello

Cappella del Cretaio
Il Farchere 250

Buceto

Casa Arcumone

Fondo Ferraro
176

233

Bosco dei Cami

Costa de

Carusetto

El Condor

M. Toppo
425

Pesta Lubrano
298

Bellavista

S. Anna

Piano Sanpaolo

501

503

Cava Bianca

Bosco
Michione

L' Arso
158

Monte Trippodi
503

Fiaiano

Selva dei Marecoppo

Spalatriello

Napolitani

Belvedere

gatto

Cannavale
355

113

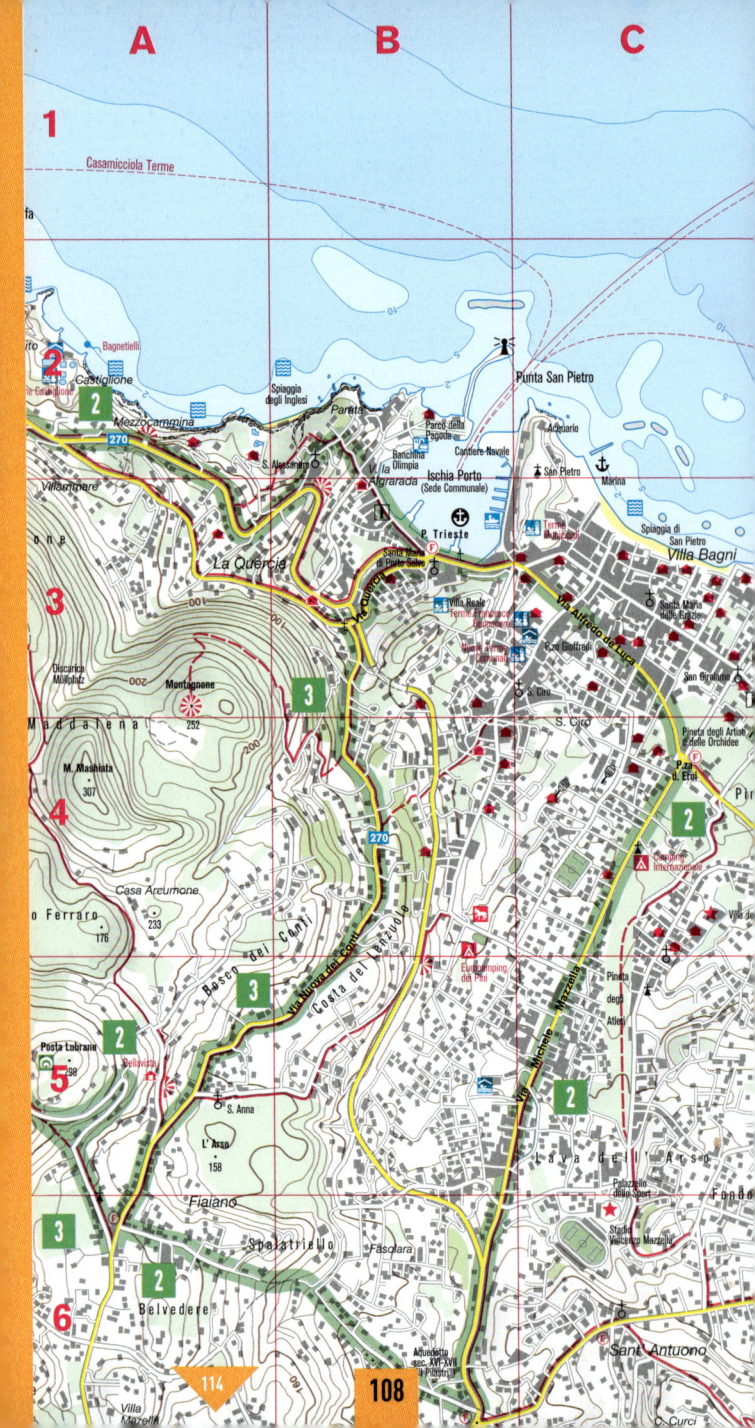

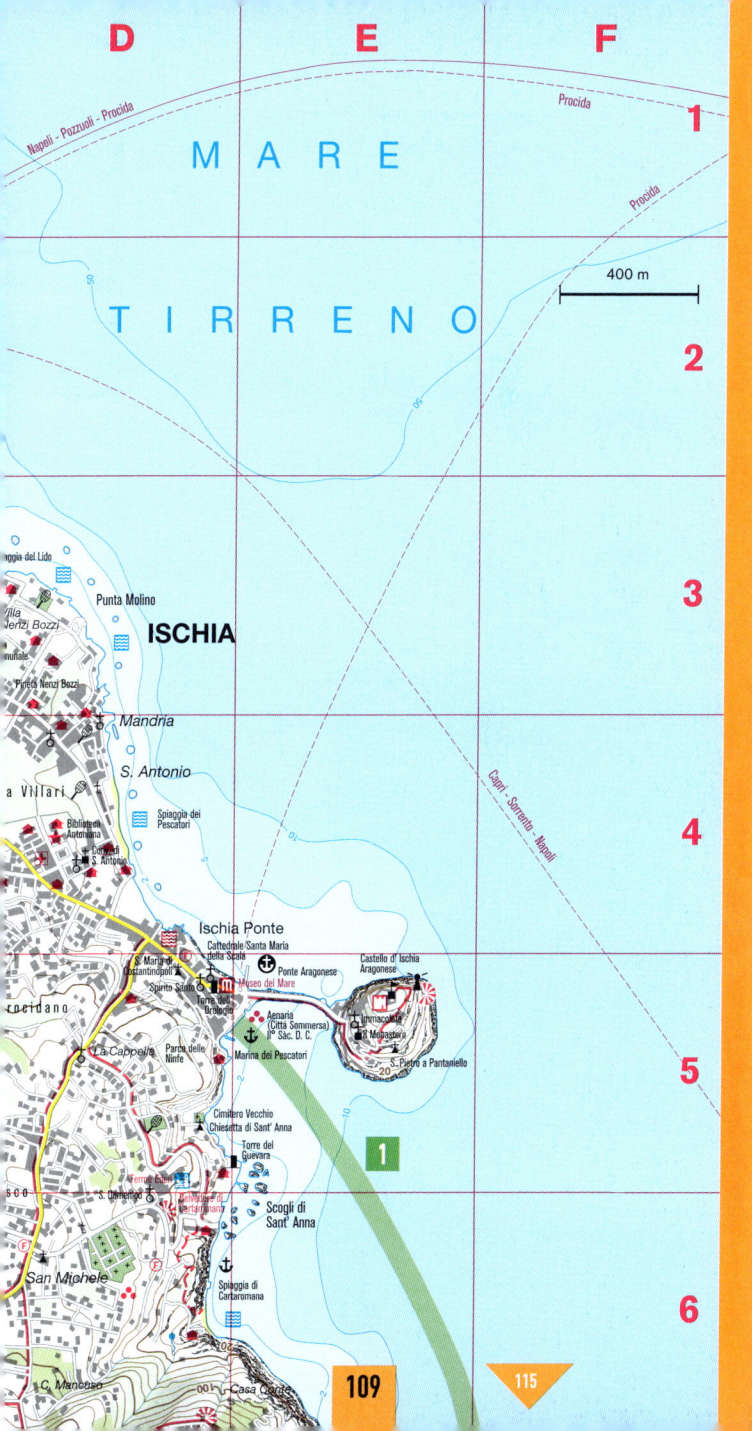

MARE

Napoli · Pozzuoli · Procida

Procida

Procida

TIRRENO

400 m

Capri · Sorrento · Napoli

Punta Molino

ISCHIA

aggia del Lido

lla Jerizi Bozzi

onuttale

Pineta Nerizi Bozzi

Mandria

S. Antonio

a Villari

Biblioteca Antoniana

Convento S. Antonio

Spiaggia dei Pescatori

Ischia Ponte

Cattedrale Santa Maria della Scala

S. Maria di Costantinopoli

Spirito Santo

Museo del Mare

Ponte Aragonese

Castello d' Ischia Aragonese

Torre dell'Orologio

Aenaria (Città Sommersa) I° Sac. D. C.

Immacolata

Il Monastero

rucidano

La Cappella

Parco delle Ninfe

Marina dei Pescatori

S. Pietro a Pantaniello

20

sco

Cimitero Vecchio Chiesetta di Sant' Anna

Torre del Guevara

Terme Comm.

S. Domenico

Cattedrale di Cartaromana

Scogli di Sant' Anna

San Michele

F

Spiaggia di Cartaromana

1

C. Maroso

Casa Conte

104

1

Torrione

Villa Calise

Siano

Mortola

S. Antonio

2

Cava dell' Isola

Il Capizzo

270

San Domenico

Pietre Rosse

Pietre del Cavallone

Cesa

Spiaggia di Citara

Giardini Poseidon

Cuotto

C. Verde

3

Pietra Bianca

Pietra Nera

Spiaggia Cava dell' Isola

Terme Poseidon

Grotta del Vino

Aonone

Villa Piromal

Costai

Case Battaglia

C. Amalfitano

Ciruna · 172

la Pietra

4

Punta Imperatore

C. Capuano

Pomicione

Campotese

Campotese

Schiappa

La Nave

Punta dello Schiavo

Scannella

San Leonardo

5

MARE

1

Grotta del Mavone

la Cima

197

6

TIRRENO

Chianare di Spadera

Rus

Punta Pilaro

400 m

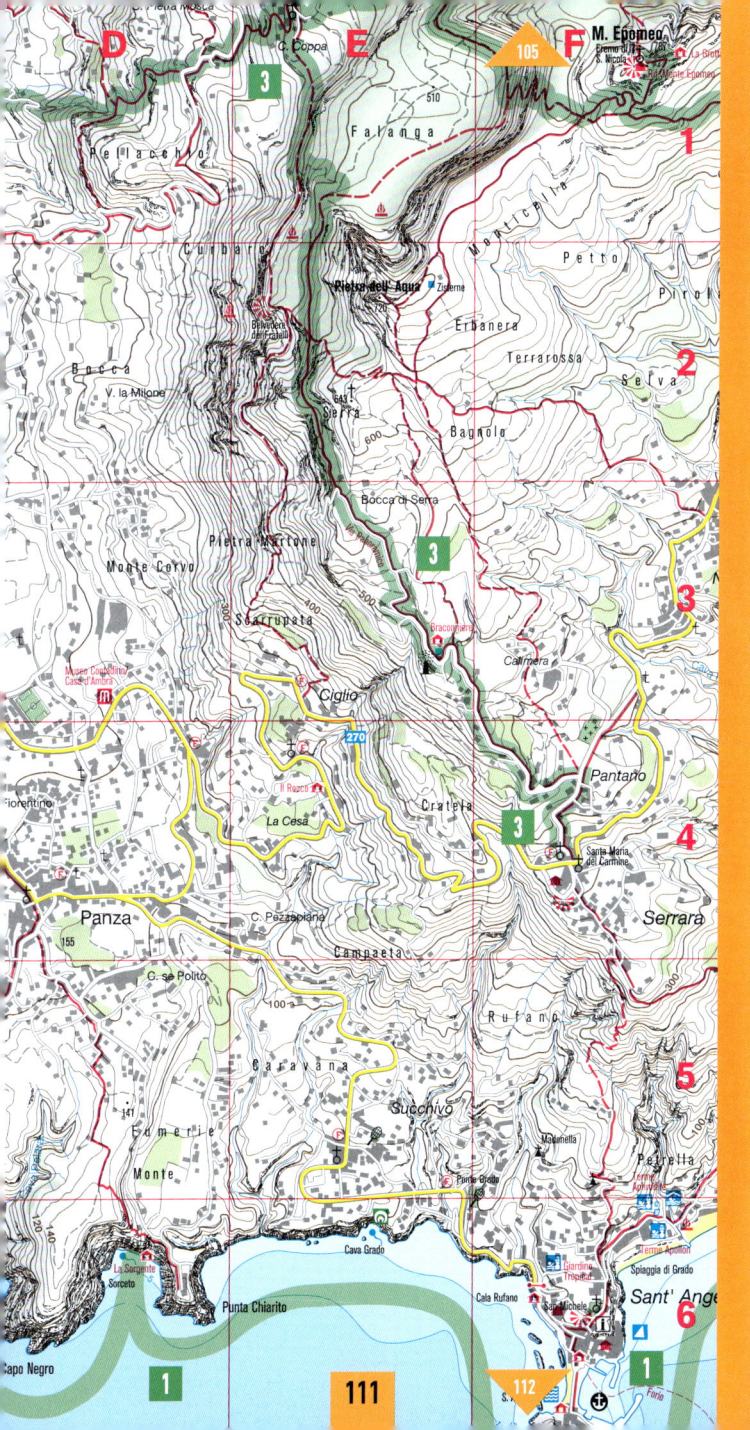

MARE

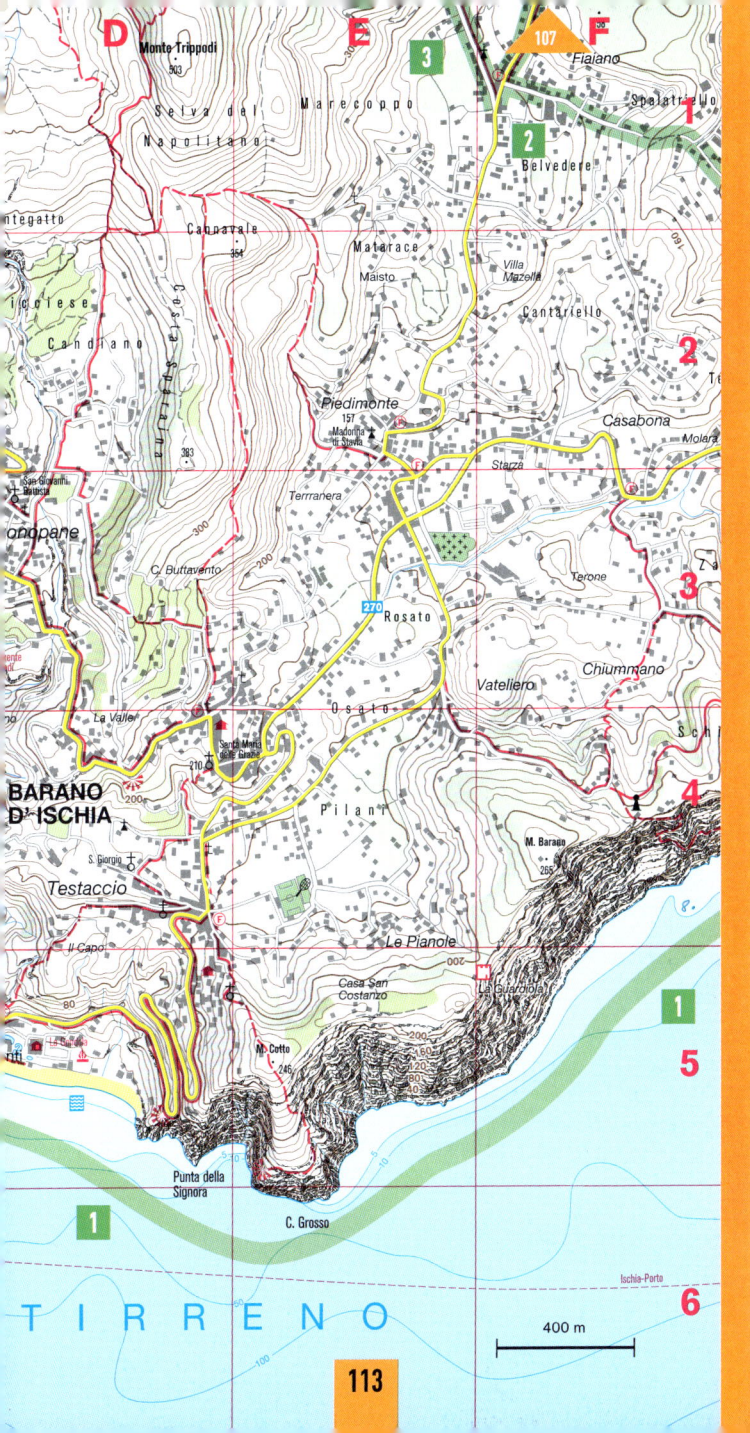

109

1

2

3

4

5

6

d Bosco

San Michele

C. Manceso

Chiesa dell'Annunziata

Campagnano

Torri

Torri di sopra

Il Torrone

373

Scogli di
Sant'Anna

Spiaggia di
Cartaromana

Casa Conte

Casa Monte

Punta della
Pisciazza

Punta del Lume

Grotta
Tisichiello

P. Parata
Centoremi

P a r a t a

Grotta di
Terra

P. Grotta di Terra
o del Bordo

Punta della
Cannuccia

Spiaggia di
S. Pancrazio

San Pancrazio

Punta S. Pancrazio

M A R E

T I R R E N O

400 m

A   B

1   4km

Borgo Domítio
San Sossio
Cavone Ann
Villággio
Cóppola
Pineto Mare
9
5,5
Santa Maria
a Pantano
2,5
Rís. Naturale
della Foce Volturno
e Costa di Lícola
Ischitella
Lido
1,9
Quadriv
di Pátr
3

Lago di
Pátria
2,5

M A R E

2

Marina di Lago
di Pátria
Liternum
Maccánico
Parco
della Noce
2,5
Parco
Arcuc

T I R R E N O

2,5
4,5

Lícola
Borgo

Lícola Mare

3

Monte Gruma
80
Lago
Avern
Cum

Ap
Cum

Lago
Fusaro

Torregáveta
Bell

3   Capo

4

Ventoténe
Canale di Prócida

Capo Bove
Terra Murata
l'Olmo
Prócil

Lacco Ameno
(2)
Santa
Restituta
Casamícciola
Terme
(43)
Villa
Bagni
Lido di
Prócida
Centane
Ísola di Próci
(27)
Flegrei

Punta
Cornácchia
Montevérgine
La Mortella
Ísola Vivara
Santa
Margherita
Vecchia
Marina di
Chiaiolella
Punta Solchiaro

Forío
(18)
Fango
Monterone
San
Antuono
Mato Bagni
Ischia
Porto
Fiaiano
Ischia
(2)
Canale

d'Ischia

Spiaggia
di Citara
Monte Epomeo
788
San
Antuono
Ischia
Ponte
San
Michele
Fontana
(452)
Piedimonte
Castello Aragonese

Punta
Imperatore
270
Buonopane
Casabona

Punta
Imperatore
Panza
Testáccio
Barano
d'Ischia
Succhivo
Spiaggia
dei Maronti
(210) Punta San Pancrázio
6
Sant'Ángelo
Ísola d'Íschia
Punta Sant'Ángelo

116

KARTENLEGENDE

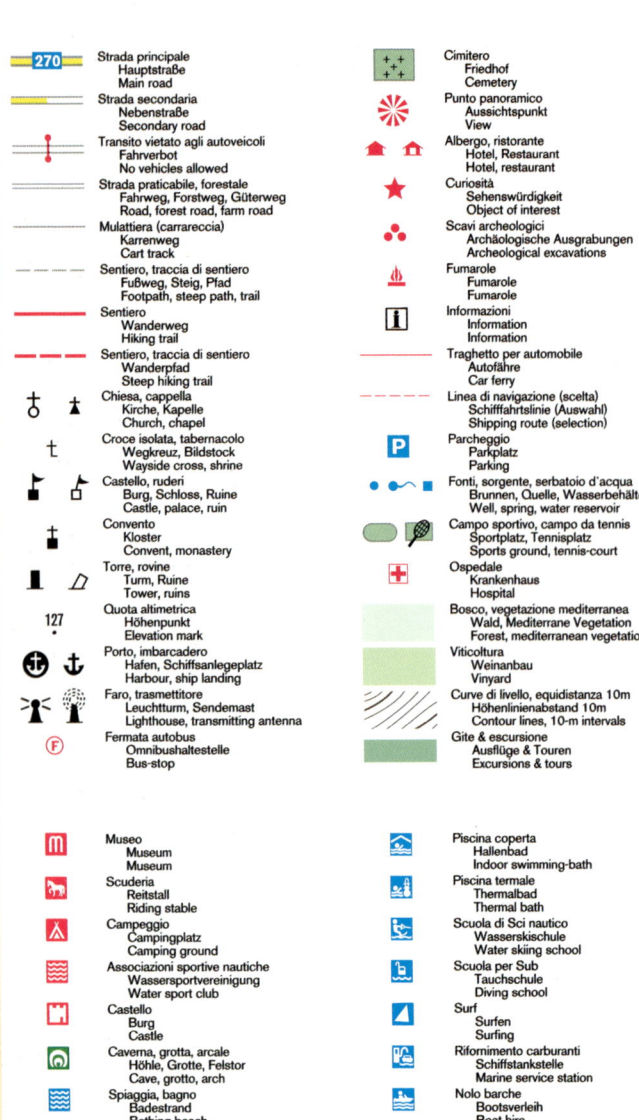

270 Strada principale
Hauptstraße
Main road

Strada secondaria
Nebenstraße
Secondary road

Transito vietato agli autoveicoli
Fahrverbot
No vehicles allowed

Strada praticabile, forestale
Fahrweg, Forstweg, Güterweg
Road, forest road, farm road

Mulattiera (carrareccia)
Karrenweg
Cart track

Sentiero, traccia di sentiero
Fußweg, Steig, Pfad
Footpath, steep path, trail

Sentiero
Wanderweg
Hiking trail

Sentiero, traccia di sentiero
Wanderpfad
Steep hiking trail

Chiesa, cappella
Kirche, Kapelle
Church, chapel

Croce isolata, tabernacolo
Wegkreuz, Bildstock
Wayside cross, shrine

Castello, ruderi
Burg, Schloss, Ruine
Castle, palace, ruin

Convento
Kloster
Convent, monastery

Torre, rovine
Turm, Ruine
Tower, ruins

127 Quota altimetrica
Höhenpunkt
Elevation mark

Porto, imbarcadero
Hafen, Schiffsanlegeplatz
Harbour, ship landing

Faro, trasmettitore
Leuchtturm, Sendemast
Lighthouse, transmitting antenna

(F) Fermata autobus
Omnibushaltestelle
Bus-stop

Cimitero
Friedhof
Cemetery

Punto panoramico
Aussichtspunkt
View

Albergo, ristorante
Hotel, Restaurant
Hotel, restaurant

Curiosità
Sehenswürdigkeit
Object of interest

Scavi archeologici
Archäologische Ausgrabungen
Archeological excavations

Fumarole
Fumarole
Fumarole

Informazioni
Information
Information

Traghetto per automobile
Autofähre
Car ferry

Linea di navigazione (scelta)
Schifffahrtslinie (Auswahl)
Shipping route (selection)

P Parcheggio
Parkplatz
Parking

Fonti, sorgente, serbatoio d'acqua
Brunnen, Quelle, Wasserbehälter
Well, spring, water reservoir

Campo sportivo, campo da tennis
Sportplatz, Tennisplatz
Sports ground, tennis-court

Ospedale
Krankenhaus
Hospital

Bosco, vegetazione mediterranea
Wald, Mediterrane Vegetation
Forest, mediterranean vegetation

Viticoltura
Weinanbau
Vinyard

Curve di livello, equidistanza 10m
Höhenlinienabstand 10m
Contour lines, 10-m intervals

Gite & escursione
Ausflüge & Touren
Excursions & tours

Museo
Museum
Museum

Scuderia
Reitstall
Riding stable

Campeggio
Campingplatz
Camping ground

Associazioni sportive nautiche
Wassersportvereinigung
Water sport club

Castello
Burg
Castle

Caverna, grotta, arcale
Höhle, Grotte, Felstor
Cave, grotto, arch

Spiaggia, bagno
Badestrand
Bathing beach

Piscina coperta
Hallenbad
Indoor swimming-bath

Piscina termale
Thermalbad
Thermal bath

Scuola di Sci nautico
Wasserskischule
Water skiing school

Scuola per Sub
Tauchschule
Diving school

Surf
Surfen
Surfing

Rifornimento carburanti
Schiffstankstelle
Marine service station

Nolo barche
Bootsverleih
Boat hire

FÜR IHRE NÄCHSTE REISE

gibt es folgende MARCO POLO Titel:

DEUTSCHLAND
Allgäu
Amrum/Föhr
Bayerischer Wald
Berlin
Bodensee
Chiemgau/Berchtes-
    gadener Land
Dresden/Sächsische
    Schweiz
Düsseldorf
Eifel
Erzgebirge/Vogtland
Franken
Frankfurt
Hamburg
Harz
Heidelberg
Köln
Lausitz/Spreewald/
    Zittauer Gebirge
Leipzig
Lüneburger Heide/
    Wendland
Mark Brandenburg
Mecklenburgische
    Seenplatte
Mosel
München
Nordseeküste
    Schleswig-
    Holstein
Oberbayern
Ostfriesische Inseln
Ostfriesland/
    Nordseeküste
    Niedersachsen/
    Helgoland
Ostseeküste
    Mecklenburg-
    Vorpommern
Ostseeküste
    Schleswig-
    Holstein
Pfalz
Potsdam
Rheingau/
    Wiesbaden
Rügen/Hiddensee/
    Stralsund
Ruhrgebiet
Schwäbische Alb
Schwarzwald
Stuttgart
Sylt
Thüringen
Usedom
Weimar

ÖSTERREICH |
SCHWEIZ
Berner Oberland/
    Bern
Kärnten
Österreich
Salzburger Land

Schweiz
Tessin
Tirol
Wien
Zürich

FRANKREICH
Bretagne
Burgund
Côte d'Azur/Monaco
Elsass
Frankreich
Französische
    Atlantikküste
Korsika
Languedoc-Roussillon
Loire-Tal
Nizza/Antibes/Cannes/
    Monaco
Normandie
Paris
Provence

ITALIEN | MALTA
Apulien
Capri
Dolomiten
Elba/Toskanischer
    Archipel
Emilia-Romagna
Florenz
Gardasee
Golf von Neapel
Ischia
Italien
Italienische Adria
Italien Nord
Italien Süd
Kalabrien
Ligurien/
    Cinque Terre
Mailand/Lombardei
Malta/Gozo
Oberital. Seen
Piemont/Turin
Rom
Sardinien
Sizilien/
    Liparische Inseln
Südtirol
Toskana
Umbrien
Venedig
Venetien/Friaul

SPANIEN |
PORTUGAL
Algarve
Andalusien
Barcelona
Baskenland/Bilbao
Costa Blanca
Costa Brava
Costa del Sol/Granada
Fuerteventura
Gran Canaria

Ibiza/Formentera
Jakobsweg/Spanien
La Gomera/El Hierro
Lanzarote
La Palma
Lissabon
Madeira
Madrid
Mallorca
Menorca
Portugal
Sevilla
Spanien
Teneriffa

NORDEUROPA
Bornholm
Dänemark
Finnland
Island
Kopenhagen
Norwegen
Schweden
Stockholm
Südschweden

WESTEUROPA |
BENELUX
Amsterdam
Brüssel
Dublin
England
Flandern
Irland
Kanalinseln
London
Luxemburg
Niederlande
Niederländische
    Küste
Schottland
Südengland

OSTEUROPA
Baltikum
Budapest
Estland
Kaliningrader Gebiet
Lettland
Litauen/Kurische
    Nehrung
Masurische Seen
Moskau
Plattensee
Polen
Polnische Ostsee-
    küste/Danzig
Prag
Riesengebirge
Russland
Slowakei
St. Petersburg
Tallinn
Tschechien
Ungarn
Warschau

SÜDOSTEUROPA
Bulgarien
Bulgarische
    Schwarzmeerküste
Kroatische Küste/
    Dalmatien
Kroatische Küste/
    Istrien/Kvarner
Montenegro
Rumänien
Slowenien

GRIECHENLAND |
TÜRKEI | ZYPERN
Athen
Chalkidiki
Griechenland
    Festland
Griechische
    Inseln/Ägäis
Istanbul
Korfu
Kos
Kreta
Peloponnes
Rhodos
Samos
Santorin
Türkei
Türkische Südküste
Türkische Westküste
Zakinthos
Zypern

NORDAMERIKA
Alaska
Chicago und
    die Großen Seen
Florida
Hawaii
Kalifornien
Kanada
Kanada Ost
Kanada West
Las Vegas
Los Angeles
New York
San Francisco
USA
USA Neuengland/
    Long Island
USA Ost
USA Südstaaten/
    New Orleans
USA Südwest
USA West
Washington D.C.

MITTEL- UND
SÜDAMERIKA
Argentinien
Brasilien
Chile
Costa Rica
Dominikanische
    Republik

Jamaika
Karibik/
    Große Antillen
Karibik/
    Kleine Antillen
Kuba
Mexiko
Peru/Bolivien
Venezuela
Yucatán

AFRIKA |
VORDERER
ORIENT
Ägypten
Djerba/
    Südtunesien
Dubai/Vereinigte
    Arabische Emirate
Israel
Jerusalem
Jordanien
Kapstadt/
    Wine Lands/
    Garden Route
Kapverdische Inseln
Kenia
Marokko
Namibia
Qatar/Bahrain/Kuwait
Rotes Meer/Sinai
Südafrika
Tunesien

ASIEN
Bali/Lombok
Bangkok
China
Hongkong/Macau
Indien
Indien/Der Süden
Japan
Ko Samui/
    Ko Phangan
Malaysia
Nepal
Peking
Philippinen
Phuket
Rajasthan
Shanghai
Singapur
Sri Lanka
Thailand
Tokio
Vietnam

INDISCHER
OZEAN |
PAZIFIK
Australien
Malediven
Mauritius
Neuseeland
Seychellen
Südsee

REGISTER

In diesem Register sind alle im Reiseführer erwähnten Orte, Ausflugsziele, Strände (=spiaggia) und Thermalparks (= giardini bzw. terme) verzeichnet. Halbfette Seitenzahlen verweisen auf den Haupteintrag.

SCHREIBEN SIE UNS

Liebe Leserin, lieber Leser,

wir setzen alles daran, Ihnen möglichst aktuelle Informationen mit auf die Reise zu geben. Dennoch schleichen sich manchmal Fehler ein – trotz gründlicher Recherche unserer Autoren/innen. Sie haben sicherlich Verständnis, dass der Verlag dafür keine Haftung übernehmen kann.

Wir freuen uns aber, wenn Sie uns schreiben.

Senden Sie Ihre Post an die MARCO POLO Redaktion, MAIRDUMONT, Postfach 3151, 73751 Ostfildern, info@marcopolo.de

IMPRESSUM

Titelbild: Parco Termale Tropical, Sant' Angelo (Huber: Bernhart)
Fotos: Delphis: Barbara Mussi (14 o.); ©fotolia.com: Evgeny Litvinov (13 o.), Andres Rodriguez (84 o. l.); Galleria Del Monte: Giuseppe del Monte (13 u.); R. Hackenberg (3 r., 22/23, 28); HB Verlag: Kiedrowski (16/17, 58/59, 63); Huber: M. Angeli (102/103); Bernhart (1, Huber (44/45), Giovanni Simeone (89); Ischia Wandern: Luigi Trani (15 u.); ©iStockphoto.com: Ben Blankenburg (15 o.), Hedda Gjerpen (84 M.r.), Ivo Gretener (85 u. r.), Dan Moore (85 M.l.), vittorio sciosia (84 M.l.); Laif: Amme (6/7, 30/31, 50/51, 72/73, 77, 86/87), Celentano (3 M., 5, 8/9, 21, 23, 27, 39, 70, 80/81, 90/91), Zanettini (60); Martina Lux (12 o.); Mauritius: Clasen (24/25), CuboImages (37, 55, 69, 83), Foodpix (26); Oasi La Vigna: Giuseppe Iallonardo (12 u.); Barbara Polzer (14 u.); Ristorante Dai Tu (84 u. r.); Schapowalow: Atlantide (46), Thiele (49); U. Simon (22, 79); S. Sonnentag (122); T. Stankiewicz (4 l., 28/29); Technosub Ischia (85 o. l.); K. Thiele (4 r., 52, 74); M. Thomas (U. l., 2 l., 2 r., 3 l., 11, 41, 43, 64, 93); Umberto a Mare (85 M.r.); H.-R. Uthoff (U. M., U. r., 19, 29, 32, 35, 56, 66)

10., aktualisierte Auflage 2011

© MAIRDUMONT GmbH & Co. KG, Ostfildern
Chefredaktion: Michaela Lienemann (Konzept, Chefin vom Dienst), Marion Zorn (Konzept, Textchefin)
Autorin: Pia de Simony (Kapitel „Ausflüge & Touren" von Bettina Dürr)
Bearbeitung: Stefanie Sonnentag; Redaktion: Arnd M. Schuppius
Programmbetreuung: Silwen Randebrock; Bildredaktion:Gabriele Forst
Szene/24h: wunder media, München
Kartografie Reiseatlas: © Kompass Karten GmbH, A-Rum/Innsbruck
Innengestaltung: Zum goldenen Hirschen, Hamburg; Titel/S. 1–3: Factor Product, München
Sprachführer: in Zusammenarbeit mit Ernst Klett Sprachen GmbH, Stuttgart, Redaktion PONS Wörterbücher

> UNSERE INSIDERIN

MARCO POLO Korrespondentin Stefanie Sonnentag im Interview

Die Autorin und Fernsehproduzentin Dr. Stefanie Sonnentag arbeitet in Neapel und hat ihren Wohnsitz auf Capri.

Sie leben auf Capri – was reizt sie an der Nachbarinsel Ischia?

Im Leben sind nicht nur Entscheidungen wichtig, sondern auch Zufälle: Für Neapel habe ich mich seinerzeit entschieden, Capri hat sich aufgrund persönlicher Beziehungen ergeben. Der römische Kaiser Augustus dagegen hat Ischia vor über 2000 Jahren gegen Capri eingetauscht. Hätte ich die Wahl gehabt, ich hätte mich über Ischia gefreut: Wo sonst gibt es einen solchen Reichtum auf einem Fleck? Traumhafte Strände, unberührte Wälder, lauschige alte Fischer- und Bergdörfer, putzige Städtchen und dazu noch heilende Thermalquellen – einfach ein Paradies.

Was prädestiniert Sie als MARCO POLO Korrespondentin für Ischia?

Ich kenne die Insel gut, weil ich sowohl beruflich als auch privat gerne und häufig nach Ischia übersetze. So erfahre ich immer sofort, wo es gerade die beste Pizza gibt und wo etwas Neues aufgemacht hat.

Ischia galt ja lange als „altbacken" ...

Ganz ehrlich: Weißbesockte deutsche Rentner in Sandalen habe ich schon lange nicht mehr gesehen. Der typi-sche Ischia-Kurgast ist, wenn man so will, ausgestorben. Alle Thermaleinrichtungen sind heute moderne Wellnessparks. Heute kommen vor allem Paare jeglichen Alters, aber auch immer mehr Familien auf die Insel, viele Engländer, Amerikaner, Russen, im Sommer natürlich auch Italiener; Reisende, die die Vorteile der Insel zu schätzen wissen, auch preislich. Capri ist zum Beispiel um einiges teurer.

Was hebt Ischia von anderen Inseln ab?

Seine Vielfalt: Auf Ischia kann man in herrlich mediterraner Natur ausspannen, Sport machen, Kultur erleben, im Thermalwasser die Gesundheit pflegen, auch an einem einsamen Strand sonnenbaden, mediterrane Küche genießen, sich in Ischia Porto ins städtische Gewühl stürzen oder in Barano auf einem Spaziergang einfach alleine sein. Und wer Lust auf große Kultur hat, macht einen Tagesausflug nach Pompeji, oder er stürzt sich für einen Vormittag in das Abenteuer Neapel.

Und wie bewegt man sich am besten auf der Insel?

Die Busverbindungen funktionieren auf Ischia hervorragend. Es gibt eine Linie im Uhrzeigersinn und eine ihm entgegen, und die Busse kommen verlässlich in kurzen Intervallen. Mit dem Auto sind Sie natürlich unabhängiger. Bei dem im Sommer fast anhaltend schönen Wetter macht es jedoch viel mehr Spaß, mit einem gemieteten Zweirad über die Insel zu fahren. Ich persönlich bin am liebsten auf meinem Motorrad unterwegs, es gibt nichts Schöneres, als über die Berge an den Maronti-Strand hinunterzufahren.

> BLOSS NICHT!

Glauben Sie nicht alles, was Sie sehen und was man erzählt!

Mit Badetüchern reservieren

Selbst die Italiener haben jetzt die schlechte Angewohnheit übernommen, Liegestühle an den Pools schon frühmorgens mit einem Handtuch zu blockieren, auch wenn man sich dann den halben Tag nicht blicken lässt. Irgendjemand muss doch mal anfangen, diese Unsitte zu stoppen!

Auf Hausnummern vertrauen

Wundern Sie sich nicht, wenn die Hausnummern nicht stimmen. Seit über zehn Jahren wird nun schon ständig umnummeriert, sodass selbst die Einheimischen ihre eigenen Hausnummern nicht mehr kennen.

Alles für bare Münze nehmen

Der Wortschwall des Schiffsanimateurs ist unüberhörbar, wenn er an Bord der „Eros" bei der Inselrundfahrt seine Küstenkommentare abgibt. Doch nehmen Sie es ihm nicht übel, wenn so manches von dem nicht stimmt, was er erzählt. Ein Beispiel? Irgendwann in den 50er-Jahren hat sich ein Insulaner als Reiseführer gefallen und sich eine besondere Geschichte einfallen lassen: Der Guevara-Turm bei Cartaromana sei von Michelangelo. Die Mär wurde alsbald von anderen übernommen, im Volksmund heißt der nun renovierte Bau seitdem Torre di Michelangelo. Tatsächlich jedoch hat das Renaissance-Genie ebensowenig mit dem Turm zu tun wie der Guerillachef Che Guevara.

Wegweisern trauen

Bei Wanderungen werden Sie häufig vergeblich nach einer klaren, zuverlässigen Beschilderung suchen. Am wenigsten sind die Entfernungsangaben der Hinweisschilder zu den in Weinbergen verborgenen Trattorias glaubwürdig: Lesen Sie etwa 300 m oder 500 m, dann kalkulieren Sie getrost das Doppelte, und anstatt sich zu ärgern freuen Sie sich auf Ambiente und Schlemmergenuss.

Immer Cappuccino trinken

Die meisten Italiener verstehen nicht, dass die Deutschen nach dem Essen Cappuccino bestellen. Gerade den Wirten, die sich viel Mühe mit einer ausgefeilten Küche geben, dreht sich der Magen um, wenn ihre Gäste nach der Fischsuppe einen Cappuccino ordern. In Italien trinkt man ihn zum Frühstück – nach dem Essen gibt es einen *caffè*.

Kurzstrecken-Busfahrkarten kaufen

Die günstigste Busfahrkarte (derzeit 1,30 Euro) ist zwar 90 Minuten gültig. Doch diese verstreichen schneller als man glaubt, da der Countdown ab der Entwertung bereits läuft. Sollten Sie nach abgelaufener Zeit in eine Kontrolle geraten, müssen Sie derzeit mit einem Bußgeld von immerhin 37 Euro rechnen. Daher der Rat: Mit einer Tageskarte (4,20 Euro) sind Sie auf der sicheren Seite und können dazu umsteigen, sooft Sie wollen.